LIDERANÇA
MOVIDA POR

By Marcelo Almeida
Copyright Ampelos Publicações©2015
Todos os direitos reservados

LIDERANÇA MOVIDA POR Fé

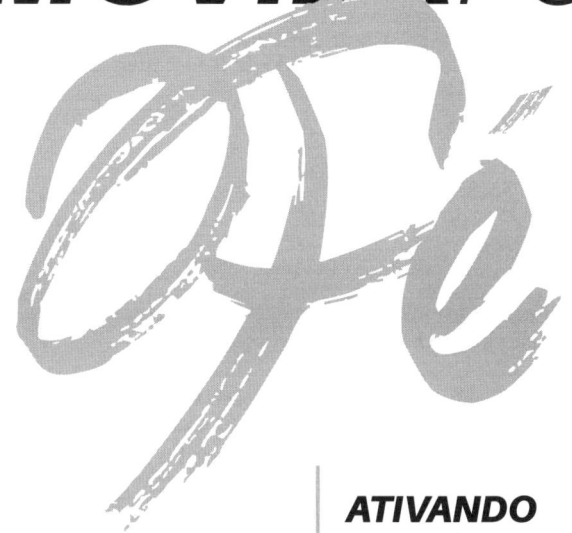

ATIVANDO SEU POTENCIAL ATRAVÉS DA PALAVRA DE DEUS

MARCELO ALMEIDA

Coordenação
Diego Andrade

Revisão
Daniel Soares
André Matias

Capa e Projeto Gráfico
Mountain Studio

Diagramação
Michele Araújo

Liderança movida por fé

Marcelo Almeida

© 2015 Ampelos Publicações

Primeira edição - 2015

Todos os direitos reservados por

Ampelos Publicações

contato@ampelos.com.br

www.ampelos.com.br

Nenhuma parte deste livro poderá ser reproduzida sem permissão por escrito, exceto para breves citações, com indicação da fonte.

Exceto em caso de indicação em contrário, todas as citações bíblicas foram extraídas da Bíblia Sagrada Edição Revista e Atualizada, 2ª edição, de João Ferreira de Almeida (RA), © 1993, Sociedade Bíblica do Brasil. Todos os direitos reservados.

Dados Internacionais de Catalogação na Publicação (CIP-Brasil)

Almeida, Marcelo
Liderança movida por fé, Marcelo Almeida
Belo Horizonte: Ampelos Publicações, 2015
ISBN: 978-1-939861-24-5
1. Vida Cristã. 2. Espiritualidade I. Título

Sumário

Introdução 7

Cap. 1 – Para início de conversa................................11

Cap. 2 – Rompendo as barreiras pela fé....................23

Cap. 3 – Fé além do convencional.............................37

Cap. 4 – Crer para andar em vitória..........................45

Cap. 5 – Fé e unção 53

Cap. 6 – Fé e identidade 63

Cap. 7 – A incredulidade impede o cumprimento da promessa 87

Cap. 8 – Crer apesar de tudo.....................................93

Cap. 9 – O mal da incredulidade.............................103

Cap. 10 – A incredulidade e suas questões..............125

Cap. 11 – A fé e suas deficiências............................133

Cap. 12 – A gênese das deficiências da fé...............143

Cap. 13 – O que nos impede a viver uma vida de fé 165

Cap. 14 – Colocando a fé no foco correto 173

Cap. 15 – Avançando no caminho da fé 183

INTRODUÇÃO

Lidamos o tempo todo com "fatos" e com a "verdade". Nem sempre fatos reais, palpáveis e cientificamente comprovados são a verdade! Como assim? Isso mesmo. Há uma diferença marcante entre o fato e a verdade, basta olharmos para as Escrituras Sagradas. Falando sobre o assunto de fé, talvez, não haja ninguém melhor do que um homem conhecido como o pai da fé, Abraão; para nos ensinar sobre tal assunto com base em sua extraordinária jornada. Fatos versus verdade. Abraão, talvez, é o mais alto modelo de líder de fé. Em Hebreus 11, temos a narração dos grandes heróis da fé encontrados por toda Escritura. Homens com uma fé robusta, forte, inabalável e que aprenderam a diferença entre fatos e verdade. "Os quais pela fé conquistaram reinos, praticaram a justiça, alcançaram o cumprimento de promessas, fecharam a boca de leões, apagaram o poder do fogo e escaparam do fio da espada; da fraqueza tiraram força, tornaram-se poderosos na batalha e puseram em fuga exércitos estrangeiros." (Hebreus 11:33-34)

De maneira mais específica, em Hebreus 11:8-12 temos o relato da formidável fé de Abraão. Deus havia dito para Abraão que deveria sair de sua terra e ir para um lugar que Ele o mostraria (Gênesis 12:1). Vemos um detalhe aqui, Abraão pela fé saiu, porém, sem saber para onde estava indo. Deus disse "saia e eu te mostrarei". Ele não mostrou e depois disse "saia". Deus não disse se era para o norte, para o sul ou para qualquer outro lugar; Ele simplesmente disse "saia". Abraão tomou uma decisão de confiança plena em um Deus invisível que pediu tudo aquilo que, aparentemente, demonstrava estabilidade, segurança e propósito: de sua casa, de sua parentela e de seu pai.

Mais importante ainda, quando Deus falou com Abraão em Gênesis 12, Ele também havia prometido que faria dele um grande povo. Este tornou-se o sentido da existência de Abraão, seu propósito de vida. Assim, Deus havia dito a Abraão que sua descendência seria tão numerosa quanto as estrelas dos céus e a areia das praias do mar. Mas temos um problema: Abraão e Sara envelhecem, e Sara era estéril. Este era o fato concreto, a realidade palpável e experimental. Em Hebreus, algumas versões dizem que Abraão estava amortecido, praticamente morto, sem vitalidade, "tão bom quanto um cadáver" diz uma versão em Inglês.

Existe então aqui uma muralha real entre Abraão e a promessa que ele busca. É um fato que se levanta contra aquilo que Deus havia prometido. Abraão não pode ter um filho. O cumprimento da promessa de Deus é algo impossível, não é viável, é contra os fatos! Acabou! Qualquer médico diria que não aconteceria. Fim de linha! Qualquer um que lê as circunstâncias chegaria a esta mesma conclusão. Mas o grande ponto é: Deus é maior que fatos. Sua verdade é Sua Palavra, Sua promessa, Seu decreto divino. O problema é que essa verdade é invisível e se contrapõe ao fato: Abraão e Sara são mesmo estéreis! Ponto!

A Palavra nos ensina que devemos andar por fé e não por vista (1 Coríntios 5:7). Mesmo que os fatos sejam contrários às promessas, Deus é o responsável por fazer o impossível acontecer manifestando a verdade de Sua Palavra. A verdade de Deus tornará o fato uma mentira! Pedro andou por sobre as águas em direção a Jesus. O fato é que isso é impossível. A verdade é que, enquanto Pedro tinha seus olhos em Jesus, ele caminhava sobre o impossível. Mas, assim que ele tirou seus olhos de Jesus e olhou para os fatos, para as águas tempestuosas, para as ondas ameaçadoras, ele começou a afundar. Fato ou verdade? Abraão creu na promessa de Deus. Ele creu que o Deus que lhe havia prometido era fiel e capaz de cumprir cada detalhe de sua promessa. E em velhice, com sua esposa estéril e seu corpo amortecido pela idade, Abraão teve a promessa de Deus cumprida; ele teve seu filho. Pedro ao fitar firmemente o Senhor, pôde voltar a caminhar sobre as ondas. Como cristãos e líderes de fé, essa será nossa saga: viver acima dos fatos, manifestando a verdade de uma realidade divina muito superior àquilo que olhos vêem, mãos apalpam, ouvidos ouvem e nariz cheira. Deus nos chama para essa mesma experiência como líderes de fé!

Pr Timóteo Almeida
The Vine Church in South Florida

Capítulo 1

PARA INÍCIO DE CONVERSA

Posso me lembrar claramente do início da Igreja Videira em São Paulo. Vivemos milagres maravilhosos e víamos a mão de Deus operando dia após dia. O crescimento, a expansão e os detalhes não foram feitos pelo esforço próprio nem pela sabedoria humana. Quando subia no avião, de Goiânia para São Paulo, a sensação que tinha era de estar voando nas asas de um anjo. A paz interior era muito forte. Passava quatro dias por semana em São Paulo e, depois, retornava pra casa. Mas, mesmo naquele tempo, as direções de Deus para aquele momento eram claras, apesar dEle não nos mostrar o futuro; o presente estava bem definido em nossos corações. Era hora de partir!

O início de uma obra nunca é fácil ou simples. Começar uma célula, plantar uma igreja ou iniciar um trabalho em um lugar novo exige coragem, disposição e fé! É necessário fé para agir quando não sabemos os desdobramentos daquilo que estamos fazendo. É necessário confiar na paz que está em nosso coração e responder a Deus no nível que a situação exige. Aquele foi um momento em que minha fé precisou entrar em ação, precisou deixar de ser interior e passar a ser vista em minhas atitudes, decisões e palavras.

Muitas vezes, quando chegava em São Paulo e pisava nas ruas daquela grande cidade, declarava as promessas de Deus sobre ela. Mesmo vivendo um início de obra, disse várias vezes para os irmãos: "Esse é apenas o começo! Creio em uma Igreja que cruza a fronteira dos milhares! Creio em uma obra prevalecente e que transformará gerações nessa cidade!"

Talvez você, leitor, também esteja hoje com a incumbência de multiplicar seu discipulado, de plantar uma célula ou de assumir algo que pensa não ser capaz. Quero dizer que Deus está com você assim como ele estava comigo. Agora é hora de colocar para fora tudo o que você tem aprendido sobre fé e liderança. Esse é o momento que Deus vai usar você para tocar seu bairro, sua cidade e sua nação. Mas você precisa agir! Você precisa unir fé e liderança, dar o primeiro passo e liberar o potencial que está dentro de você. Pra mim, também, as coisas não foram tão simples; mesmo com toda aquela fé em meu coração, eu tinha medo de não ter estrutura espiritual nem emocional para suportar a pressão que é proveniente de uma obra dessa envergadura.

Fantasmas que querem acabar com sua liderança

Meus medos e receios, com o tempo, acabaram se transformando em um fantasma em minha vida. O diabo, ininterruptamente, começou a me ameaçar dizendo: "Você não é capaz, você não vai conseguir, mais cedo ou mais tarde você vai falhar e vai acabar com a igreja, vai arrebentar com tudo". Ele começou a me atacar com todo o tipo de ameaça o tempo todo.

Estou compartilhando com você, pois quero que minha experiência possa ajudá-lo a vencer seus obstáculos, quero que saiba que não existe nenhum

"Super-Homem" ou "Mulher-Maravilha" que não possuem medo de nada. Não existem super heróis! Eu tinha medo de não conseguir cumprir o chamado de Deus, tinha medo de não suportar as dificuldades, tinha medo de não pagar as contas no final do mês e muitas outras coisas que surgiam no dia a dia, tentavam me parar. Naquele tempo, qualquer coisa que acontecia, qualquer sinal de desordem; qualquer pessoa que manifestava o desejo de sair da Igreja, qualquer problema com alguém, qualquer relatório que mostrava uma célula que estava mal, eram usados pelo diabo como uma fagulha para incendiar o medo em meu coração. Uma vez que meu coração estava cheio da gasolina do medo do diabo, qualquer fagulha provocava um incêndio e eu ficava petrificado, paralisado.

Essa sensação não é incomum para os que servem a Deus, esses são os fantasmas que querem destruir, paralisar e roubar sua liderança. Mas quero mostrar que podemos percorrer o caminho da fé para desarticularmos as afrontas que o diabo usa para nos paralisar. Podemos exercer nossa liderança sobre nossos pensamentos e medos, podemos nos apegar à fé e deixar que Deus opere seus projetos em nossa vida. Nós não precisamos nos render, não precisamos voltar atrás e desistir do projeto que Ele desenhou para cada um de nós. Você foi chamado para tocar esta geração e para transformar vidas. Não volte atrás, não desista por causa do medo e da insegurança. Medo é normal, é humano; covardia, entretanto, é algo inaceitável. Nunca deveríamos negociar com a fé entregando de bandeja a liderança confiada por Deus a nós; a mim e a você.

Entendendo o poder da unção

Todo esse processo que passei continuou até o dia em que Deus me deu entendimento a respeito da unção que estava sobre mim. Num relance de fé, entendi que a unção que temos é para enfrentar Golias e arrebentar com ele; é para governar e para alterar circunstâncias. Percebi que a autoridade real que estava sobre mim era para decretar, avançar, determinar e desbaratar os inimigos.

Quando você tem medo, você fica paralisado, não avança, não crê e a sua unção perde o efeito. Qualquer acontecimento é motivo para termos medo de perder a família, de morrer, de sermos um fiasco, de não frutificarmos, de não avançarmos e de não nos tornarmos aquilo que Deus quer que sejamos. É justamente na área que o medo se instaura, a área que perdemos a fé e as forças para lutar.

O alvo de Satanás é aprisioná-lo de tal forma para você se tornar e se comportar como um gafanhoto. Mesmo tendo a unção do Espírito Santo, a força e a autoridade de um leão, por causa do medo e da incredulidade, passa a comportar-se pateticamente. Se continuarmos a olhar para as circunstâncias com os olhos naturais, estaremos fazendo o jogo dele e, nesse jogo, continuaremos paralisados, incrédulos, cheios de conflitos emocionais e espirituais, cheios de dúvidas, mornos espiritualmente, sem ousadia e sem intensidade cheios de incredulidade. A mornidão tomará conta de nós, a apatia será nossa companheira, a indiferença não nos faltará, a paralisia permanecerá e o processo de decadência começará a acontecer em nossas vidas, pois estaremos no jogo de Satanás, no jogo dos temores e dos fantasmas.

Mesmo que o diabo se faça grande e poderoso diante de nós, precisamos meditar e confessar o que Deus diz a nosso respeito, precisamos nos apropriar e crer que realmente estamos assentados à direita do Pai em Cristo Jesus. (Efésios 2:6). Devemos aplicar à nossa realidade o que a Escritura diz, afirmar que estamos juntamente com Aquele que foi estabelecido acima de todo principado, potestade, poder e domínio e de todo nome que se possa referir. As circunstâncias, os fatos, os medos e os receios estão abaixo da autoridade de Cristo, e nós, estamos nEle.

Quais sao seus medos?

Você tem medo do futuro? Medo do que pode acontecer com sua célula, discipulado, sua igreja ou família? Tem medo de não conseguir permanecer fiel? De não avançar? De não ter um casamento abençoado? Este medo trará sobre você insegurança e timidez. Estas são sementes que Satanás usará para paralisar, imobilizar e impedir você de avançar. Ele deseja pegar todo potencial, que foi plantado dentro de você para produtividade, frutificação, riqueza, criação e transformar tudo num grande nada.

E o jeito do diabo começar esse processo em nossas vidas é trazendo o medo e a incredulidade sobre nossos corações, pois ao concordar com a incredulidade, a fé não funciona, e tudo fica comprometido e paralisado. Em seguida, em pouco tempo, nossas forças serão minadas. E por não viver em fé, o diabo vem, sacode e tudo vai abaixo. Esta é a trilha da derrota certa e muitos caminharam por ela.

Pegue esse medo hoje e triunfe sobre ele em Cristo Jesus. Não numa atitude transitória, leviana, momentânea, mas numa atitude definitiva. Muitas vezes saímos do culto cheios de fé, cheios de autoridade, mas quando as circunstâncias nos atacam, simplesmente nos rendemos a elas. Não faça isso! Tenha uma atitude definitiva de triunfo sobre as obras de Satanás. Creia em sua nova identidade; identidade que manifesta em autoridade e poder, a natureza do Leão da Tribo de Judá. Entenda que liderar exige fé, exige coragem, exige acabar com os pensamentos que tentam paralisá-lo.

A batalha diária será na sua mente

Mas não pense que a luta contra o medo ocorrerá uma única vez. Não pense que uma mera oração de alguém com imposição de mãos num culto abençoado será o último embate na mente contra o inimigo. Pensar assim é de uma imaturidade enorme. Muito menos presuma que uma única oração vai resolver o problema definitivamente. Estamos falando agora de um novo estilo de vida e de uma nova forma de atitude para com sua mente. Isso deve ser aprendido e aplicado em sua vida se você deseja realmente andar em vitória em sua liderança.

Na experiência que compartilhei anteriormente, mesmo em posse da fé, o diabo não parou de me ameaçar, atormentar e bombardear a minha mente.

Ele insistia em costurar situações em meus pensamentos, me mostrando processos que já haviam acontecido e que aconteceriam novamente. Uma catastrófica profecia negativa e insistente vinda do inferno. Em suas ameaças, ele declarava que tais situações iriam se desdobrar em um outro processo e, em seguida, em outro. Ele lançava sobre minha mente uma série de fatos que nem mesmo existiam; fazia ligações usando imagens mentais que não haviam acontecido. Catástrofe, derrota, vergonha, prejuízo, humilhação, enfim, todas as portas foram testadas.

De repente, o aluguel estava vencendo e não tínhamos o dinheiro suficiente para pagá-lo. Depois, uma notícia de que uma célula iria fechar. Problemas aqui, algum revés ali... Tudo isso era lançado contra mim e, algumas vezes, por um instante, meus pensamentos de terror e medo ganharam destaque em minha mente e lá estava eu, de novo, sentindo-me paralisado. Um turbilhão emocional se seguia invariavelmente nessa "rota do fracasso": ataques na mente que, uma vez aceitos passivamente, se tornavam em melancolia nas emoções e invariavelmente desembocavam na completa paralisia da vontade. Você percebeu como acontece? Mente enganada, emoções depressivas, vontade arruinada! Simples assim.

Naqueles dias, levantei-me mais uma, duas, dezenas de vezes para retomar minha atitude de fé. Posicionar-me na unção que havia recebido de Deus, vendo pela fé a provisão sobrenatural para cumprir o propósito de Deus naquele novo lugar. Muitas e muitas vezes era necessário usar o Nome de Jesus, declarar a posse da unção a fim de retomar a estabilidade perdida. Voltar a reinar por meio da fé em Cristo, governar contra o espírito de ameaça e de medo. E, assim, quebrar o poder de Satanás que tenta controlar você e a mim. Essa é a forma do inimigo agir contra a Igreja e contra os projetos do Senhor para sua vida. Foram inúmeras as vezes que tive que aprender a guardar minha mente de certos pensamentos. Foi necessário muitas vezes cobrir-me contra aquelas ameaças, declarando que não prosperariam contra a causa de Cristo. Ao se posicionar em fé, você, ao contrário, se levanta como guardião das vidas, das famílias, dos jovens confiados por Deus a você. Tem a chance de vê-los abençoados em nome de Jesus, guardados pelo poder Soberano de seu Senhor.

Esse foi um tempo muito precioso, de um aprendizado tremendo. Foi nesse tempo que vimos grandes sinais da autoridade de Deus sobre nós. Enquanto o diabo tentava semear medo em nossos corações, o Senhor nos dava a vitória e firmava nossos pés para novos avanços na obra de Deus. Dia após dia nos entregávamos à Palavra de Deus e resistíamos ao medo que queria tomar nosso coração. Mesmo quando as circunstâncias não eram como esperávamos, declarávamos a Palavra e ficávamos firmes em Deus.

Como está a situação de seu coração hoje? Quem tem reinado sobre seus pensamentos e sua mente? Caro leitor, não deixe o diabo paralisar a liderança que está dentro de você. Sua célula nasceu para transformar vidas e nada vai parar sua unção. Não desista diante das impossibilidades. Não aceite que o medo dirija seus passos. Não permita que a voz de Satanás guie seus caminhos. Você nasceu para viver pela fé e multiplicar essa fé em outros.

Apegue-se a unção, pela fé

Mesmo que você tenha 50 anos de crente, se você ainda não aprendeu a viver por fé na unção que está sobre sua vida, você viverá uma vida sem a plenitude das vitórias de Deus. Não podemos nos esquecer de que há uma unção para reinar que transforma nossa identidade e nosso novo perfil. Essa transformação é para vencermos e para obedecermos a Deus, seguindo-o em nosso espírito humano. Esta unção vem sobre nós para abandonarmos o esforço natural, pois ele é fraco e incompetente e, através dele, jamais conseguiremos vencer o medo e a insegurança. As armas de nossa milícia não são carnais, mas espirituais em Deus. É Ele quem nos capacita para vencer.

Mas como Ele nos capacita? Ele assim o faz quando cremos no seu poder que nos capacita através da unção designada a nós para tornar-nos vencedores. À medida que caminhamos nessa fé, recebemos a capacitação de Deus para obedecê-lo, vencer e triunfar. Quando creio, recebo poder de Deus para executar o que deve ser executado; recebemos a graça capacitadora de Deus para vencer o medo. Portanto, essa apropriação dessa "unção designada" é fruto de uma decisão, uma escolha.

Creio que Deus tem coisas grandes para sua vida, meu querido irmão e irmã. Sendo assim, não deixe o medo paralisar você. Assuma sua posição como pai e mãe de multidões. Deus está levantando você como um valente nesta geração cheia de caos e contradições. Deus está levantando missionários, profetas, pastores, evangelistas, mestres, gente ungida e qualificada. Deus levantará médicos, professores, estrategistas, administradores e recursos em abundância. A unção para reinar está em você e esta unção que levará você a frutificar.

Capítulo 2

ROMPENDO AS BARREIRAS PELA FÉ

Pela fé caíram os muros de Jericó, depois de rodeados por sete dias. (Hebreus 11:30)

Jericó era uma cidade-Estado muito bem fortificada e cercada por muros altíssimos, praticamente impenetráveis. Seus moradores eram temidos por seus inimigos. Essa cidade era uma das que Israel precisava derrotar para conseguir entrar na terra que o Senhor lhes havia prometido. Vencer em

Jericó era a pré-condição para a vitória no propósito de se conquistar toda a terra de Canaã. A ordem de Deus para os israelitas foi clara; eles deveriam pelejar contra a cidade de Jericó. Mas como enfretá-la? Como assim? A situação era terrível, delicada e aterrorizante. Como fazer frente a um inimigo que é imbatível? Como vencer uma cidade impenetrável? Simplesmente, não havia meios. A tarefa era impossível sob todos os aspectos. Lembre-se de que nesses dias os israelitas eram apenas um bando de escravos retornados do Egito. Desarmados, mal treinados e sem nenhuma experiência em combate de qualquer tipo. Não havia exército estruturado. Após quarenta anos de deserto, o que lhes restavam eram os trapos e tranqueiras que ainda carregavam consigo trazidos do "saudoso" Egito!

Há muitas situações que enfrentaremos nas quais nos sentimos como os israelitas diante de Jericó: as coisas parecem não haver solução ou o problema se apresenta desmesuradamente maior que nossa capacidade de resolvê-lo, uma tarefa esmagadora e desigual. São momentos que ficamos petrificados nos perguntando: como romper a barreira confusa desse problema tão imenso? Daí ficamos à procura de chaves humanas para destruir as muralhas impenetráveis que a vida ou o diabo levantam contra nós.

Buscamos nos nossos "cacarecos", os canivetes enferrujados a fim de vencer os soldados bem nutridos das hostes infernais. É desigual! Desesperador!

O versículo de Hebreus nos apresenta a resposta correta às nossas questões, está escrito: "pela fé caíram os muros". De repente, o "irresolvível" se resolve com a chave poderosa que é a fé. Os israelitas, em fé, obedeceram a Deus, e por causa dessa fé venceram o tão temível inimigo. Ninguém teve de aprender a usar espadas nem escudos; ninguém teve de se proteger com capacetes nem usar lanças com pontas de fogo; a única coisa que fizeram foi obedecer o comando do Senhor, seguir o Espírito: rodear a cidade por sete dias e, na última volta do último dia, gritar. Simples, fácil e eficaz. Portanto, meu querido, sua vitória não está na muita luta, mas no mais perfeito descanso. Não está em se exasperar, mas em seguir, obedecer e crer nas direções dadas pelo Espírito Santo. Simples assim.

Entretanto, isso parece não ter sentido algum. Isso subverte a lógica da nossa mente e abala todo o senso comum. Mas é isso mesmo. Aquela foi a direção de Deus para eles. Ninguém questionou se Deus estava sano ou insano, eles simplesmente obedeceram em fé. Como resultado de tantas voltas e um grito, apenas um grito, os muros impenetráveis caíram e aquele inimigo foi destruído por completo. Os israelitas sabiam que havia, da parte de Deus, um decreto oficial de Deus que todas aquelas muralhas inimigas iriam cair! Eles criam que não ficaria pedra sobre pedra naquele lugar. Eles tinham uma ótica além da visão da muralha, enxergam o Altíssimo e poderoso Deus, aquele que está acima de todas as coisas e determina os acontecimentos de tudo.

Diante das muralhas que se colocam diante de nós, precisamos ter uma posição de fé. Precisamos crer que não ficará pedra sobre pedra ao comando da voz do Senhor. Em Salmos 18:29, encontramos uma declaração de fé a respeito desses muros intransponíveis, está escrito: "Porque contigo entrei pelo meio de um esquadrão e com o meu Deus saltei uma muralha." Veja que o salmista deixa claro: "com o meu Deus saltei uma muralha". Como líderes precisamos compreender que não vencemos dificuldade nenhuma com nossas próprias forças; as muralhas somente são postas ao chão com a força do Senhor agindo em nós e, portanto, precisamos crer. Creia que do céu já foi liberada uma sentença de vitória contra as muralhas que Satanás levantou contra sua vida. Creia que, na unção de Deus, você pode saltar muralhas e desbaratar exércitos! Creia que através dessa unção sua liderança será frutífera, sua célula crescerá, haverá milagres e cura para quem caminha com você. É tempo de usar sua fé, é tempo de crer nas promessas e ver as muralhas caindo!

Quando a nossa fé se manifesta

A Bíblia diz que o mundo jaz no maligno, mas ela também afirma que nós somos a luz do mundo. Isso significa que há trevas cercando e cegando a vida daqueles que pertencem ao mundo, mas como discípulos de Cristo, carregamos a luz do Senhor sobre nós e ela tem o poder de desfazer todo poder das trevas que opera em pessoas e em certas circunstâncias. Todavia, a luz que está em nós precisa se manifestar, em outras palavras, precisamos entender que a fé que o Senhor colocou em nossos corações tem de sair de nosso interior para vencer o reino e poder operante das trevas.

Em Hebreus 11:33a, está escrito: "os quais, pela fé, venceram reinos ..." Veja que maravilhosa escritura é essa!, Aqui está escrito que a manifestação de nossa fé vai além dos reinos e dos principados deste mundo. Isso acontece, pois somos autoridades espirituais estabelecidas por Deus e todos os outros reinos estão sujeitos ao comando de nossa voz. É urgente que entendamos que nossa fé precisa ser manifesta para pormos um ponto final nos domínios dos reinos das trevas e, ao mesmo tempo, determinarmos que as bênçãos que o Senhor estabeleceu para nós se tornarão fato em nossas vidas. Não podemos depender das estratégias humanas para conquistar o mundo espiritual, precisamos usar armas espirituais para isso. A fé é nosso escudo, a Palavra de Deus é nossa espada! Se levante hoje e se posicione usando esse santo arsenal designado para nós.

Derrubando as obras de Satanás

Há muito anos, quando ainda fazia faculdade, candidatei-me para ser professor substituto numa escola para alunos adultos cujas aulas aconteciam à noite. Naquela escola havia uma aluna em minha sala de aula com um comportamento bem estranho. Era uma jovem senhora mundana, muito sensual, provocativa e costumava sentar-se nas primeiras cadeiras para assitir às aulas. Era comum ela usar uma saia muito curta e alí, diante de mim, assumia um ar de provocação e afronta. Ela costumava fumar soprando a fumaça em minha direção. Então, com compaixão da condição daquela moça, comecei a orar por ela quebrando os poderes dos espíritos malignos que a prendiam. Minhas orações eram em secreto. Eu orava insistentemente e perseverantemente para que aquela moça experimentasse uma libertação genuína; cria profundamente que Deus atenderia aos meus pedidos. Eu lidava com a situação nesta fé, crendo que tudo o que havia orado estaria, em breve, sendo aplicado na vida daquela mulher. As circunstâncias começaram, finalmente, a mudar e ela passou a ter uma atitude completamente diferente. Pude compartilhar com ela sobre Cristo, bem como desafiá-la a buscar a Deus com todas suas forças. Após esse momento, vieram as férias escolares e perdemos o contato por alguns meses.

Na volta às aulas, àquela jovem, ao me encontrar, veio alegremente me contar uma notícia, ela disse: "professor, me converti!" Como assim? perguntei. Então, ela me respondeu: "sim, me converti!". Mais que rapidamente perguntei onde ela estava congregando e a resposta foi desconcertante. Ela se juntara a uma das piores seitas pseudo-cristãs que usam um "livro paralelo" às Escrituras, um verdadeiro conto de fadas psicodélico! Naquele momento, controlei-me para não demonstrar a ela minha tristeza nem jogar para baixo, de uma vez só, tudo o que ela estava experimentando de novidade. Então, novamente retornei à oração e à fé! Passei a orar especificamente para que Deus, pelo Espírito Santo, a convencesse do mal caminho que ela estava percorrendo. Em minhas orações, dizia especificamente à situação que deveria acontecer: "Em nome de Jesus, trago da parte de Deus uma enorme angústia e desconforto em cada ocasião que ela colocar os pés naquele lugar!", "Em nome de Jesus, que nesse exato momento haja uma poderosa contrição de Deus em seu coração!", "Ministro, agora, da parte de Deus uma fome de se encontrar com Jesus!", "Que no coração dela haja, da parte de Deus, a seguinte pergunta: "professor, onde é a sua igreja? Como faço para ir lá?" Eu sabia que estava ministrando diante de Deus e funcionando, exatamente, como um sacerdote que transporta algo do Trono de Deus para alguém necessitado. Assim, perseverei em oração por algumas semanas.

Passadas algumas semanas, ela já não estava com o mesmo sorriso nos lábios. Eu comecei a perceber e deixei Deus continuar agindo, usando, em fé, a autoridade sobre os reinos das trevas. Depois de pouco de tempo, ela começou a compartilhar comigo que não se sentia bem ao frequentar aquela "igreja". Sentia que algo estava muito errado, pois havia uma angústia enorme brotando em seu coração toda as vezes que frequentava àquele lugar. Em seguida, pude ouvir, de modo audível, saindo dos seus lábios, exatamente, o que eu estava orando, transferindo do Trono de Deus para seu coração. Ela me disse: "professor, onde é a sua igreja? Como faço para ir lá?" Deus mesmo havia colocado em seu coração o desejo de conhecer a igreja e participar de nossas reuniões. Em pouco tempo, toda sua família se converteu a Jesus!

Há autoridade de Deus sobre nós para vencermos reinos e principados, isso não é maravilhoso? Aquela mulher se converteu e, por causa da transformação na vida dela, toda a família também, se converteu ao Senhor. Essa é a autoridade que nos foi dada por Cristo na cruz. Uma vez que a fé que está em nós se manifesta, vencemos reinos e potestades. Você pode e deve usar a autoridade que tem! A fé que está em você precisa se manifestar para vencer o reino das trevas que atua sobre aqueles por quem você tem orado. Traga as realidades espirituais do trono de Deus ao coração da pessoa pela qual você está orando. Aja em fé e permita a unção de Deus fluir através de sua vida. A unção de Deus sobre sua vida irá mudar sua identidade; fará você rugir como um leão; fortalecerá sua fé para você andar em vitória, avançando no reino de Deus para destronar principados, potestades e destruir o reino das trevas que agem em sua vida, sua família, sua célula, sua igreja e em sua cidade. Não há limites!

Agindo em fé para conquistar territórios

Deus havia prometido ao povo de Israel uma terra fértil, abençoada e rica; diz a Bíblia que essa terra manaria leite e mel. Entretanto, ao se aproximarem da terra prometida, um grande problema aconteceu com aquele povo: eles não creram na palavra dita por Deus nem colocaram fé na promessa para conquistar o que havia sido dado a eles pelo Senhor. Como vacilaram na fé, padeceram no deserto e não puderam gozar das delícias de Canaã. Os israelitas deixaram o Egito, mas ficaram no limbo por quarenta anos. Eles viveram peregrinando no deserto, na metade do caminho para Canaã. É exatamente isso que acontece quando não cremos em Deus e em suas promessas para nós. Passamos a viver numa espécie de "limbo" ou meio do caminho.

Nossa jornada como líderes exige fé. Há vários momentos que estamos, literalmente, em um deserto, e há outros que devemos enfrentar inimigos ferozes para alcançarmos as promessas que o Senhor fez para nós. Todavia, em todas as circunstâncias que enfrentamos nessa caminhada ministerial, não podemos abandonar a fé, descrendo naquilo que Deus falou e prometeu para nós.

Em meados dos anos 80, num final de ano, eu liderava os jovens de nossa igreja. Decidimos que faríamos um jejum de três dias. No final do tempo de jejum, Deus me deu o desafio para chamar à frente aqueles que precisavam de emprego, aqueles que queriam uma promoção, e eles vieram. Na minha vida pessoal, eu já havia feito tudo o que poderia fazer como solteiro e a única coisa que me restava, então, era me casar e prosseguir para outras experiências.

Naquele jejum coletivo que fizemos eu, também, posicionei-me por algo. Pedi a Deus uma noiva, um apartamento com três quartos e sacada e um emprego. Aquele momento era um momento de transição em minha vida; era um momento de mudanças importantes. O contexto econômico do país, entretanto, estava muito caótico e com recessão, desemprego e inflação de 80% ao mês! Contudo, para mim, era o tempo de sair de uma posição para entrar em outra. Por isso, naquele momento, pedi coisas tão específicas para Deus. Juntamente com aqueles irmãos, lancei o desafio da fé: tomar posse de tudo o que foi confessado diante de Deus e do mundo espiritual. Em fé, me apropriei daquelas verdades, tomando posse de todas as coisas que havia crido e declarado com minha boca.

Passado pouco tempo, fui trabalhar como redator publicitário com o salário quase três vezes maior que aquilo que ganhava anteriormente. Pouco tempo depois, fui acompanhar um colega na compra de seu apartamento. Era uma cooperativa habitacional que construía prédios que havia visitado a empresa onde trabalhava. Ao chegar lá, o vendedor, também, me ofereceu um apartamento. Eu havia colocado algumas condições específicas em relação ao imóvel que buscava em Deus. Ele deveria ser um apartamento com 3 quartos, sala com dois ambientes e sacada. Quando perguntei como era o apartamento, percebi que era exatamente como eu havia pedindo a Deus. Não muito longe daqueles dias, de repente, lá estava eu conversando com uma moça graciosa; uma das líderes mais frutíferas que tínhamos na igreja. No final daquele ano, estava muito bem empregado, tinha meu apartamento com sala de dois ambientes e varanda e, ainda, de casamento marcado com a Walneide, hoje minha esposa. Naquele ano, eu havia experimentado da unção de Deus que estabelece as circunstâncias e constrói uma nova realidade de vida em nós. Eu havia aprendido o segredo de andar em fé para conquistar territórios e, por ter tomado uma posição de fé, conquistei coisas novas para minha vida.

Quero que você entenda que Deus não criou a fé para que seja como um "cartão de crédito espiritual". Não podemos sair por aí declarando e "crendo" que seremos milionários da noite pro dia. Você vai declarar isso até ficar sem um pingo de saliva na boca e nada vai acontecer! Mas a palavra de Deus nos afirma que Ele suprirá cada uma das nossas necessidades (Filipenses 4.19), e também diz que nada irá nos faltar (Salmos 23).

Portanto, se quisermos destronar reinos, estabelecendo novos caminhos para nossas vidas, precisamos aprender a nos mover nesse campo da Fé. Liderança espiritual sem fé não existe! Esse agir em fé, liberar a fé e crescer em fé são coisas cruciais se desejamos uma liderança frutífera. Para tomarmos posse do reino, para governar sobre as situações que estão ao nosso redor, nos prendendo e limitando nosso trabalho no reino de Deus, precisamos crer, ativamente e objetivamente, liberando nossa fé. Creia que o seu tempo chegou e que você fluirá em um novo nível em sua vida. Nível de liderança, nível de graça, nível de unção, nível de prosperidade e também de frutificação.

Aja em fé, caminhe em fé, aplique a fé em sua vida e subjugue os reinos deste mundo. Declare a Palavra de Deus e creia nas proclamações que você tem feito no Senhor. Se você andar por vista, certamente não conquistará a terra que Deus separou e prometeu para você, mas se você andar em fé, com certeza, alcançará todas as promessas do Senhor disponíveis para você. Portanto, creia e avance numa poderosa fé.

Capítulo 3

FÉ ALÉM DO CONVENCIONAL

E que mais direi? Faltar-me-ia o tempo contando de Gideão, e de Baraque, e de Sansão, e de Jefté, e de Davi, e de Samuel e dos profetas, os quais pela fé venceram reinos, praticaram a justiça, alcançaram promessas, fecharam as bocas dos leões, apagaram a força do fogo, escaparam do fio da espada, da fraqueza tiraram forças, na batalha se esforçaram, puseram em fuga os exércitos dos estranhos.
(Hebreus 11:32-34)

A Bíblia narra que a terra de Israel estava passando por um período grande aflição por causa da presença dos midianitas entre eles. De certa forma, o fluir do Espírito de Deus havia se perdido entre os filhos de Israel, e eles estavam debilitados, empobrecidos e desolados. Os israelitas clamaram ao Senhor, e Ele resolveu levantar Gideão para livrar Israel daquela opressão.

Quando o anjo do Senhor veio a Gideão para convocá-lo ao trabalho de libertação do povo de Israel da opressão posta pelos midianitas, ele estava malhando trigo. O interessante dessa história é que Gideão malhava o trigo no lagar, e não ao ar livre, como era o convencional. Para se malhar o trigo, precisa-se estar ao ar livre, pois ao bater os feixes sobre uma rocha com o fim de soltar-lhes os grãos, conta-se com a ajuda do vento para limpar a poeira e a palha formados pelo impacto dos feixes na rocha. O vento espalha as impurezas e restam somente os grãos limpos para serem usados. Já o lagar não é lugar de se malhar trigo, mas, sim, de se fazer o vinho. Lagares eram grandes piscinas que, normalmente, ficavam no subsolo das construções. Ali, colocavam-se as uvas para serem espremidas com os pés. Depois de se ter o suco, deixava-se fermentar o produto para chegarem ao vinho.

A Bíblia, portanto, conta que Gideão estava escondido no lagar malhando trigo. Essa era uma ação estranha e incoerente; pois, por qual razão Gideão preferiu malhar o trigo no oculto, escondido no subsolo, e não na superfície? Certamente, pelo fato de que ele temia os midianitas. Diante dos constantes ataques e de toda maldade que faziam contra Israel, Gideão não desejava se expôr à possibilidade de, mais uma vez, ser confrontado pelos inimigos e ter sua colheita saqueada.

É fabuloso ver a força do Senhor operando em seus escolhidos. Veja que Deus conhecia as fragilidades e incapacidades de Gideão, mas, foi justamente nesta circunstância que o Todo-Poderoso chamou aquele jovem para um trabalho extremo: libertar Israel da opressão dos midianitas! Aparentemente, alguém cheio de medo para ir lá fora e se embrenhar no ninho da serpente, todavia, o Senhor capacita todos aqueles a quem Ele chama. Deus não esperava que Gideão fizesse nada com suas próprias forças, mas desejava que aquele jovem tivesse fé e confiasse que ele seria somente um instrumento para o Senhor pelejar com todas suas forças contra aquele povo inimigo.

Infelizmente, muitos dos filhos de Deus estão malhando trigo no lagar e lá permanecem. Se recusam a ouvir a voz de Deus e perceber que o problema, na verdade, é a oportunidade. Estão apavorados e amedrontados pelo inimigo, se sentindo incapazes, desqualificados para realizarem a obra do Senhor. Estão saindo da superfície para malharem o trigo com timidez. Acuados pela pesada oposição do inimigo, muitos têm se escondido. Se escondido com medo de não frutificar, se escondido com medo da obra não avançar, se escondido com medo de não pagar as contas ou de não conseguir se manter firme contra o pecado.

Sabe, querido, Deus sabia de sua incapacidade e de todas as suas fragilidades quando Ele chamou você. A única coisa que o Senhor esperou e espera é que tenha fé e total confiança nEle. Você não é capaz de fazer, realizar ou produzir nada, mas Ele é poderoso para fazer todas as coisas através de você. Sua única tarefa é crer e seguir; é deixar de olhar sua incapacidade e contemplar o braço forte do Senhor. Sua liderança dará um salto enorme, sua força crescerá e os milagres acontecerão quando você, simplesmente, crer nas promessas de Deus em sua vida.

INTIMIDAÇÃO: UMA ESTRATÉGIA DE SATANÁS CONTRA OS FILHOS DE DEUS

O alvo do diabo é criticá-lo, intimidá-lo e ameaçá-lo em sua identidade, pois se você sentir medo do fracasso, medo de não dar certo, medo de não conseguir vencer, você acabará adotando e internalizando o medo como seu padrão de resposta. Assim, não haverá fé que possa movê-lo da conveniente covardia do lagar para a superfície. Essa era a realidade de Gideão, um homem com medo. Os constantes impropérios que os midianitas lançavam contra Israel geraram no coração de Gideão o temor de seus inimigos. Em outras palavras, Gideão aceitava as acusações do inimigo contra sua vida.

Será que não temos sofrido os mesmos ataques? Será que o diabo tem nos acuado com suas falácias contra nossa identidade em Cristo? Temos aceitado as acusações do diabo quando ele diz que somos carnais, fracos, derrotados, fracassados e desqualificando-nos em nossa identidade de vencedores?

Quando olhamos para uma situação como a de Gideão, podemos até imaginar que o Senhor irá adverti-lo dizendo: "o que é isso líder de célula, covardão! Está se escondendo? Está com medo de quem? Por que você está fugindo de tudo? Essa é sua coragem? Malhando trigo no subsolo, fracote?" Contudo, sabemos que essa acusação não vem do Senhor, mas, sim, do diabo. Ele é o acusador dos irmãos; essa é sua profissão permanente. Entretanto, ao mesmo tempo em que recebemos as acusações do diabo, temos a oportunidade de enxergar a situação com os olhos de Deus. Em Juízes 6:11 está escrito: "Então, o Anjo do Senhor lhe apareceu e lhe disse: ***o Senhor é contigo, homem valente!***" Como assim? Homem valente? Será que estamos lendo corretamente? Gideão, um homem valente? Isso parece meio confuso, não é mesmo?

Olha, precisamos ser honestos e claros em uma coisa. O modo como Deus pensa e olha para as circunstâncias e pessoas não condiz com o nosso jeito de ver as coisas. Ele é o Todo-Poderoso e existia antes de tudo existir. Ele vê além da eternidade, enquanto a gente não consegue enxergar além de nossos umbigos.

Ao olhar para Gideão, Deus não viu a incapacidade e fraquezas daquele jovem, mas contemplou sua poderosa destra agindo através de Gideão; Deus escolhe os seus, os capacita com seus talentos, os enche de fé para multiplicar os talentos e vê sua poderosa força agindo através de seus amados filhos.

Veja que a abordagem de Deus para com Gideão é completamente diferente do que imaginaríamos acontecer. Neste texto, vemos que o "Anjo" fez uma proclamação que vai além de uma visão natural ou circunstancial, ela toca a realidade da verdadeira identidade espiritual de Gideão. Não importavam as acusações que Gideão sofria por parte do diabo, nem mesmo como ele via a si mesmo, pois a verdade de

Deus permanece: homem valente! O que realmente importava era a realidade espiritual de Gideão que não poderia ser alterada por nada externo, pois já havia sido estabelecida por Deus.

Todos sabemos que quando a Bíblia nos aponta a palavra "Anjo" com letra maiúscula, se trata de uma teofania, ou seja, uma manifestação de Jesus. Era o próprio Jesus que estava falando com Gideão, que o chamava de "homem valente". A visão de Deus a respeito de Gideão era perfeita e fiel, pois havia nele toda capacidade de vencer, toda capacidade de ser forte, toda capacidade de assumir uma posição de ousadia para prevalecer contra os inimigos. Mesmo diante das atitudes de medo frente os inimigos, Gideão recebe de Deus a confirmação de sua identidade. Em outras palavras, Deus estava dizendo a ele: "você é ungido, espiritual, forte, poderoso, cheio da vida de Deus, homem de Deus, profeta de Deus". Mesmo que, aparentemente, Gideão não contemplasse a verdade de que ele era um homem valente, nada mudaria o fato de que essa era a verdade de Deus sobre a vida dele.

Ele não irá nos chamar de fracos, covardes. Deus não nos chama por nossa fraqueza, mesmo que tenhamos tido atitudes carnais como as de Gideão. Ainda que tenhamos tropeçado, Ele não nos acusará semelhantemente como o diabo faz. Como sabemos, nossa identidade em Cristo já foi definida: somos mais que vencedores! Somos herdeiros do sacerdócio e da realeza. Em nós não há o espírito do medo nem o da timidez, mas o espírito de ousadia e de poder. Portanto, não aceite as intimidações de Satanás contra você. Não permita que ele mude seu foco, trazendo à tona suas falhas, dificuldades, limitações e erros. Deus é quem define sua liderança, e Ele a definiu em Jesus. Você nasceu para liderar, para influenciar, para tocar essa geração. Você nasceu para multiplicar discípulos, você nasceu para cumprir o chamado de Deus!

Você precisa declarar essas verdades em sua vida e na vida de todos aqueles a quem você tem liderado. Como obreiros e pastores, precisamos enxergar todas as circunstâncias com os olhos de Deus, pois é Ele quem capacita. Não podemos ficar olhando para nossas incapacidades e ficar lamentando nossos fracassos. Pare de ser natural! Olhe para sua célula, seu discipulado, sua igreja com os olhos que o Senhor olha para cada um deles, inclusive para você! Deus chamou você para uma obra, encheu você de talentos e de fé e, agora, trabalhe ousadamente para multiplicar tudo isso que o Senhor tem confiado às suas mãos.

Capítulo 4

CRER PARA ANDAR EM VITÓRIA

Como vimos, o Senhor chamou Gideão para uma obra e, frente a esse desafio Gideão deu uma resposta. Em Juízes 6:13, está escrito: "Respondeu-lhe Gideão: Ai! Senhor meu." Diante desta resposta, podemos perceber que, inicialmente, Gideão olhou somente para suas capacidades naturais, não estando totalmente convencido de sua capacidade em Deus e, por isso disse: "Ai".

Mesmo diante de tantas confirmações da parte de Deus a respeito de sua identidade, Gideão ainda tinha dúvidas quanto ao agir de Deus em sua vida. Então, em sua incredulidade, diz: "Se o Senhor é conosco, porque nos sobreveio tudo isso, e o que é feito de todas as Tuas maravilhas que os nosso pais contaram dizendo: não os fez o Senhor nos subir do Egito, porém agora o Senhor nos desamparou". Gideão expôs suas palavras cheio de alto-piedade, lambendo feridas como se dissesse: "sou um coitado merecedor de dó e da pena das pessoas, meu drama é tão cruel e injusto! Deus nos entregou nas mãos dos midianitas, pobrezinho que sou blá, blá, blá!" Veja que Deus não ficou perdendo tempo com as ladainhas, baboseiras e lamúrias melosas de Gideão. O Senhor continuou e disse: "Vai nesta sua força e livra Israel". O quê? Vai nesta sua força? Mas que força Gideão tinha?

Gideão, mais uma vez, interpela o Senhor dizendo: "Como que livrarei Israel?" "Eis que a minha família é a mais pobre de Manassés". Gideão apresentou às claras seu complexo de inferioridade. "O! Senhor, eu venho lá daquele bairro pobre, daquela cidadezinha pequena! Eu, o menor da casa de meu pai". A questão é que Deus não vai atrás de ninguém cheio de si, Deus procura alguém convencido de que pela fé será capaz de cumprir o chamado dele! A glória está na superação, sempre! Veja o que Deus falou: "Tornou-lhe o Senhor". Deus nem responde o complexo de inferioridade apresentado por Gideão, Ele apenas diz: "Já que estou contigo, ferirás os midianitas como se fossem um só homem."

Nesse trecho, encontramos a base pela qual os israelitas vencerem os midianitas. Já que Eu, o Senhor dos Exércitos, estou com você, tu ferirás os midianitas. Em outras palavras, o Senhor estava dizendo: "esquece esta coisa de família pobre, esquece esta coisa de burrice, esquece esta coisa de complexo de inferioridade, marcas, problemas e feridas. Esquece os medos, os temores, pois já que Eu estou com você e Eu o enviei, você realizará as coisas pelas quais você foi designado.

Não era Gideão um homem covarde? Não aos olhos de Deus! Pois mesmo apresentando suas reclamações, o Senhor sabia de todo potencial de Gideão, sabia que um homem valente estava pronto para se manifestar ao mundo. A unção de Deus é para trazer nossa verdadeira identidade em Cristo e nos fazer enxergar nossa realidade nEle. Como líderes, não podemos deixar de contemplar essa verdade. Nossa identidade espiritual está em Cristo Jesus e, através dEle, Deus opera em nós. A única coisa que precisamos é de fé para caminharmos na vitória já dada e estabelecida pelo Pai. Precisamos simplesmente crer que podemos andar em vitória e trabalhar ousadamente para o Senhor.

Unção, propósito e realização

A unção é para propósito, realização. Quando o Senhor falou com Gideão, Ele disse: "livra Israel das mãos do midianitas, porventura não to enviei Eu?" O Senhor estabeleceu Gideão em sua unção para um propósito, uma realização. Ele deveria se levantar como um valente e vencer aquela batalha.

Estamos debaixo de uma unção; você está debaixo de uma unção. E, diante desse fato, podemos ter duas atitudes: ou aplico a verdade e me levanto em fé ou fico malhando trigo no lagar. Não podemos nos esquecer das palavras do Senhor a Gideão, pois são as mesmas palavras que repousam sobre nossas vidas. Ele diz: "Já que estou com você, não tema as ameaças do inimigo contra o seu casamento, a fome, nem o homem violento, nem o fracasso, nem a falta de fruto. Já que estou com você, não olhe para si próprio, pois avançará e ferirá seu inimigo como se fosse um só homem. O seu inimigo cairá diante de você, um a um".

Como sabemos, se temos fé, a fé não diz "será", mas ela diz "é", ou seja, os seus inimigos já caíram diante de você! Reine, governe! Se o diabo disser: "sua célula vai acabar, você não vai conseguir multiplicar, você é um fracote e um erro". Se levante em fé e diga: "Eu vou contra você! Eu cancelo essas mentiras em nome de Jesus! Minha célula vai avançar, vai multiplicar, vai crescer!" Seja ousado no Senhor e confie que a bênção de Deus está sobre sua vida e seu ministério! Avance no evangelismo, na plantação de igrejas, no investimento em missões e em todos os sonhos que Deus colocar em seu coração.

Declare: eu vou fluir no ministério de misericórdia, vou ser instrumento de Deus para acolher a viúva, o órfão, o desempregado, o pobre; vou aplicar em missões, vou ser um arraso na área de missões, porque Deus me fará prosperar, para que milhões entrem nos cofres do Reino de Deus e sejam investidos em ganhar e resgatar vidas".

Se o diabo estiver ameaçando seu casamento dizendo que ele vai acabar, declare que seu casamento será frutífero, que vocês terão harmonia, e ande na força desta unção. Tome posse da harmonia, da concórdia, quebrando o poder de todo espírito de desarmonia e de contenda; quebre todo argumento mentiroso na mente e toda obstinação de espírito malignos sobre os filhos. Vá direto para a posição que rege, governa e decreta o lugar onde as autoridades presidenciais expressam suas decisões, seu quarto de oração. Mas, não precisa ser apenas no quarto, pode ser no metrô, dentro do ônibus ou em qualquer outro lugar, basta ter fé e ousadia para determinar o que deverá acontecer.

Se o diabo estiver ameaçando sua célula, seu discipulado, sua igreja, seu trabalho de plantação de outras igrejas, faça ele calar a boca! Confie no Senhor que chamou você e que é Ele quem lhe confere todo talento e fé necessários para frutificar para a glória do Pai. Volte-se para seu espírito e comece a declarar em nome de Jesus que a presença de Deus fluirá. Declare a vida e o fluir de Deus sobre todos os lugares, seja um canal de Deus para que seu reino seja estabelecido na terra. Você é pai de multidões, mãe de multidões. Pessoas se converterão aos borbotões, haverá uma inundação de almas se rendendo a Cristo, não visamos números, não estamos atrás disto, mas números serão consequência de você assumir a sua posição de rei, sacerdote e profeta de Deus!

Certa vez, recebi uma profecia de uma mulher muito sensível ao Espírito Santo. Frequentemente, ela era convidada para vir ao Brasil por causa de um extraordinário ministério de ensino com revelação e muita vida de Deus que possuía. Então, numa conferência que tivemos sua presença, num dos dias, ao final da ministração ela veio caminhando e sorrindo em minha direção; ela apontou o dedo para mim e me entregou uma palavra profética. Foi a profecia mais exótica que eu ouvira até aquela data. Ela disse: "Cuidado com as coisas que você colocar em sua boca, pois quando abri-la, Ele fará cumprir cada palavra que você disser". Naquele momento, percebi a extraordinária autoridade que temos diante de Deus e do mundo espiritual para fazer manifestar-se, no planeta, a vontade de Deus. Então, diante dessa revelação, vi as coisas impressionantes que Deus estava fazendo através de nós, um bando de jovens pobres da periferia de uma cidade sem expressão nenhuma! Quero declarar aquela mesma palavra para você! Leia e internalize isso com muita atenção: "tome cuidado com aquilo que você fala porque Deus fará cumprir cada uma de suas palavras de acordo com a vontade dEle! Portanto, comece a decretar a respeito de sua casa, de sua célula, de sua igreja e a respeito de sua vida. A Escritura diz a nosso respeito: "tudo posso naquele que me fortalece". ***Tudo***, diz a Bíblia. "Tudo" é muita coisa, você não acha?

Capítulo 5

FÉ E UNÇÃO

Quando recebemos um chamado, recebemos dEle os talentos; quando recebemos talentos, recebemos a unção de Deus para usarmos os talentos, multiplicá-los e cumprir o chamado do Senhor para nós. A unção de Deus tem o propósito de nos mudar, transformar, equipar e capacitar. Ela tem a capacidade de transformar o medo em ousadia, a timidez em coragem, a dúvida em convicção, a desqualificação em qualificação. Ao me referir aos "talentos" recebidos nesse texto bíblico, não penso em dons naturais, mas numa quantia de "ouro" dada por Deus a cada um de nós. O "ouro divino" que segundo o talento bíblico equivalia a mais ou menos 34Kg. Isso é muita coisa! Esse talento de ouro refere-se à sua unção, bem como a graça de Deus para a realização de algo nesta existência.

Precisamos de uma mudança de mentalidade. Muitas vezes, temos uma visão turva do propósito da unção de Deus que está sobre nós. Cremos que, simplesmente, se participarmos das reunião da igreja, essa unção nos alcançará; cremos que podemos receber uma rebarba da unção de Deus a qualquer momento numa reunião de célula, mas tudo isso não passa de um equívoco de nossos pensamentos. Não é assim que desfrutaremos da unção de Deus.

Aprendi que precisamos nos aproximar da unção de maneira prática e com fé. Não podemos estacionar numa esperança de que, "um dia", seremos valentes; "um dia", teremos unção; "um dia", teremos autoridade; "um dia", seremos usados por Deus; "um dia", seremos usados para liberar o poder de Deus. Nesse espírito de passividade e de lentidão esperaremos cinquenta anos e nada acontecerá. Nossas vidas não mudarão, nossas famílias não verão o poder de Deus, nossas células não avançarão e o Reino de Deus sofrerá danos terríveis! Por quê? Por causa da sua passividade extrema e terrível! Por causa da sua falta de proatividade e atitude em linha com uma fé prática posta sobre a Palavra.

Precisamos caminhar numa postura de fé, coragem, ousadia e determinação tomando posse daquilo que o Senhor já nos deu. Levante-se! Abra a boca! Precisamos ouvir a voz de Deus e sair do lagar da timidez. Precisamos pisar as escadas da fé, colocando o trigo em nossos ombros e ir para a superfície dizendo: "o Senhor já me ungiu, Ele disse que sou forte! Então, vou sair e começar a trabalhar aqui fora, pois Ele está comigo!" Devemos aceitar a verdade de Deus sobre nós e andarmos como quem possui a realidade da identidade de Deus. No caso de Gideão, mesmo tendo ouvido a voz do Senhor como você está ouvindo neste momento, nada objetivamente havia mudado ainda. Tudo continuava do mesmo jeito. Gideão estava cercado de "fatos" que depunham contra a verdade da fé. Se você se levantar e enfrentar sua realidade usando a fé, você colherá mudança e transformação! Esse tipo de atitude vai fazer com que sua liderança e influência cresçam! Você não pode deixar a passividade destruir o potencial de crescimento que está dentro de você. Não deixe que as sementes de multiplicação e avanço morram devido a sua falta de atitude. Comece a agir hoje, agora!

Esse é o momento de usar a fé para cumprirmos o propósito de Deus!

A FÉ É O CAMINHO PARA QUE A UNÇÃO OPERE

No livro de I Samuel nos são contadas as histórias dos momentos em que Saul, bem como Davi, receberam uma específica unção para se tornarem reis de Israel. Em cada um desses momentos, reconhecemos uma ação transformadora através da unção de Deus na vida desses dois homens escolhidos para reinar. Em I Samuel 10:6, vemos o testemunho dessa mudança na vida de Saul, está escrito: "E o Espírito do Senhor se apoderará de ti, e profetizarás com eles e te mudarás em outro homem". Isso também aconteceu com Davi.

O jovem ruivo de formoso semblante e de boa presença, após ter recebido a unção de Deus, foi estabelecido como homem valente, homem de guerra, sisudo em palavras e o Senhor era com Ele. A unção de Deus irá produzir uma mudança em nossa estrutura espiritual. Se crermos nessa unção, desfrutaremos de uma transformação semelhante a de Saul e a de Davi. Seremos mudados em outro homem e caminharemos em uma nova medida de autoridade, liderança e influência. Entretanto, precisamos aprender a ativar e a desfrutar dessa unção. Querido leitor, tudo, exatamente tudo no reino de Deus opera através da fé. Sem fé não há unção, sem fé não há mudança, sem fé não há crescimento, avanço e uma liderança frutífera. A liberação de sua fé é sua única chance de vitória! A unção trará mudanças tremendas, mas é a fé que fará com que a unção opere.

A FÉ É O CAMINHO PARA A OBEDIÊNCIA

Abraão entendeu que deveria tomar a via da fé para obedecer a Deus em suas direções e desafios. Em Hebreus 11:8, está escrito: "... pela fé Abraão obedeceu". Havia no coração de Abraão uma sinceridade que o levou ao conhecimento do caminho que o faria "pai de multidões". Mesmo tendo se posicionado em buscar, muitas vezes, soluções naturais para resolver seus problemas, Abraão perseverou em Deus até sua vida ser estabelecida no cumprimento da promessa. Creio que Deus deseja trabalhar isso em nossas vidas. Se você tem sido atormentado por uma experiência de altos e baixos, inconstância e acusações, chegou o dia de sua transformação, chegou o dia de obedecer pela fé!

Não podemos nos esquecer de que é pela fé que vencemos o pecado, que derrotamos os problemas e que permanecemos contra os ataques de incredulidade. Diante de qualquer situação que enfrentaremos, a fé é a solução de Deus para nós. Mesmo diante das mais terríveis afrontas do inimigo, precisamos nos agarrar ao Senhor dizendo: "pela fé obedeço e continuarei obedecendo!" Nunca devemos aceitar a mentira do diabo de que nossa inconstância e nossas limitações são nosso destino. Não podemos aceitar o desânimo que vem através das tentativas do inimigo em impedir nosso avanço em Deus, em todas as áreas. Um líder sem fé é um líder impotente, desencorajado, fraco e com poucas chances de avançar. Não importa quantas pessoas tem sua célula ou rede, a fé será sempre o combustível para que sua liderança alcance um novo nível.

Devemos ter a mesma atitude de Abraão, devemos contemplar, por meio da fé, a unção que recebemos. Devemos crer que essa unção nos capacitará e nos qualificará para andarmos acima de nossos problemas e de nossa inconstância. Nós iremos vencer na oração, porque não estaremos apoiados na decisão humana de orar, mas na unção que nos levará à orar. Vamos ser transformados em nosso caráter, em nosso temperamento, em nossa personalidade, não por uma estratégia humana, mas pela força da unção que nos capacitou a subjugar todas as coisas para seguir as direções de Deus.

Como herdeiros desta unção, devemos tomar posse dela. Devemos declarar diariamente seus feitos em nossas vidas. Devemos proclamar que caminharemos em fé e em obediência, obedecendo a cada manhã, a cada momento.

Tudo é ativado através da fé

Muitas vezes, quando lemos a Bíblia, não observamos um fato muito importante: os homens e as mulheres descritos na Bíblia são pessoas comuns como qualquer um de nós. Esse povo era igual a mim e a você. Em Hebreus 11:11, encontramos a história de Sara, está escrito: "Pela fé, também a mesma Sara recebeu a virtude de conceber e deu à luz já fora da idade; porquanto teve por fiel aquele que lho tinha prometido." Como vemos, Sara, herdeira da promessa de Deus, também, como muitos de nós, vivia uma impossibilidade quanto ao cumprimento da promessa. Como sabemos, era impossível que Sara gerasse um filho naturalmente, pois era avançada em dias. Seu problema era tão grave que algumas vezes ela até duvidou do cumprimento da promessa de Deus em sua vida. Ela enfrentava cara a cara, todos os dias, sua fraqueza e impossibilidade de fazer, por si mesma, o que era da vontade de Deus. Ela tentou de muitas formas trazer a promessa de Deus por suas próprias forças, todavia, sempre percebia que, em si mesma, não conseguiria. Não é exatamente isso que enfrentamos, também, em nossa mais comum rotina pessoal? O que há de diferente? Nada.

Enquanto Sara se mantinha firme em suas tentativas naturais de trazer as promessas, mais fracasso sobrevinha sobre sua vida. Então, ela entendeu suas fraquezas e imperfeições; entendeu a impossibilidade de trazer as promessas de Deus por qualquer via natural. Sara compreendeu que somente a fé poderia trazer à realidade as promessas do Senhor para si.

Em Hebreus, vemos Sara em um posicionamento diferente do início de sua caminhada com Deus rumo à promessa. Vemos Sara numa atitude de fé. Mesmo sabendo de sua infertilidade, ela se rendeu e creu que o Senhor era fiel para cumprir suas promessas. Nessa atitude de fé, Sara apropriou-se do poder de Deus e tomou posse da promessa. Nesse sentido, precisamos acreditar nas palavras de Deus sobre nós.

Devemos crer hoje! Não é algo que deve acontecer no futuro, devemos tomar posse da unção de Deus sobre nós, agora! Já! Nesse instante! Quantos de nós temos saído de nossos momentos de oração sem crermos nas promessas de Deus? Quantos temos duvidado das promessas de Deus? Se ainda temos tentado cumprir nosso chamado com nossas forças é porque não percebemos que através delas nada poderá ser feito. Precisamos fazer de maneira semelhante a de Sara; precisamos parar de tentar pelas vias naturais, abandonar a via natural para crer no Deus do impossível. Precisamos aplicar nossa fé; tomar posse do poder de Deus; fluir nesse poder e crer na manifestação dos resultados daquilo que já nos foi dado pelo Senhor. Como herdeiros das promessas de Deus precisamos nos apoiar na fé que nos equipa e nos capacita no cumprimento de suas promessas. Como Sara, devemos receber as promessas de Deus por meio da fé e da fé somente.

Capítulo 6

FÉ E IDENTIDADE

Há muitas pessoas que falam sobre fé, mas não falam sobre identidade; são pessoas que almejam grande crescimento espiritual, todavia esquecem do crescimento do caráter. Isso vem de uma perspectiva imatura da vida cristã, aquele pensamento primário de que, uma vez crente, está tudo resolvido. Daí a razão de muitos terem a ideia de que as pessoas já chegam prontas para nós; acham que virão pastores prontos, líderes prontos, membros perfeitos e maduros. Se assim fosse, não seria a terra, mas o céu.

O fato é que Deus não vai nos enviar pessoas prontas, mas Ele vai nos dar pessoas para serem trabalhadas, moldadas, construídas, edificadas para o reino do Senhor. Deus não vai nos enviar ninguém prontinho! Basta a gente se lembrar daquilo que o Senhor disse ao povo quanto à terra que eles iriam receber dEle. "Vos dou uma terra que mana leite e mel."

Então, por curiosidade, dê só uma olhadinha na terra que Israel recebeu de Deus, a terra de Canaã! Veja as filmagens que são feitas aos redores de Hebrom, de Jerusalém, da faixa de Gaza e de toda aquela região que é frequentemente mostrada pela televisão; você não verá nada mais que uma terra mais seca que língua de papagaio! Todavia, Deus disse que aquela terra seria uma terra que manaria leite e mel, o que é impossível de se pensar uma vez que nossos olhos somente veem poeira, pedregulhos e mais poeira, poeira seca! Alguém poderia dizer: "Ah, Senhor Deus! Quando o Senhor disse que a terra mana leite e mel, achávamos que tudo já viria prontinho; as garrafinhas de mel prontinhas para o uso na prateleira, o leite já nas caixinhas "longa vida" prontinho para ser bebido. Mas veja isso! Onde estão as colmeias? E onde estão as abelhas? Onde estão as vacas, os currais e os pastos?" Teria o Senhor mentido? Onde está o leite? Onde está o mel? Teria Deus se enganado e enviado

Israel para uma terra errada? Lógico que não! Claro que aquela terra manaria leite e mel, mas aquela terra, como qualquer outra, antes de frutificar, deveria ser **_trabalhada_** com fé. O povo deveria investir na terra para que ela produzisse leite e mel. De igual modo, temos que aprender a investir nas pessoas para que elas frutifiquem; não há frutificação sem investimento na terra. Creia que cada um daqueles que o Senhor tem nos enviado é uma terra boa, frutífera, que precisa de investimento para poder, finalmente, liberar seu potencial de leite e de mel.

Digamos, então, que o Senhor nos envia líderes em potencial; ou seja, esses que chegam até nós ainda não são líderes formados, mas contém em si um potencial para frutificarem grandemente como fortes líderes. Deus tem enviado às nossas células uma geração de pastores, de profetas, de apóstolos, de evangelistas, de missionários, enfim, uma geração de gente fantástica e extraordinária; é uma gente maravilhosa; estão todos entre nós e, ao mesmo tempo, tudo isso está dentro de nós. Só está faltando vir para fora, manifestar-se. Isso não acontecerá a troco de chá de canela e de refresco; precisamos pegar as enxadas, o arado, as foices e trabalhar a terra como uma resposta prática de uma fé prática. Precisamos investir em cada um deles até que vejamos os sonhos de Deus se tornando realidade.

A TERRA PRECISA SER TRABALHADA

Anos atrás fui enviado para Portugal. Conhecia o país antes desse envio, mas isso não aliviou-me o susto ao chegar ali para viver e morar. Comecei o trabalho de evangelizar e de discipular exatamente como fazia no Brasil, onde tanto frutificávamos. Todavia, ali foi muito diferente; mesmo fazendo exatamente tudo o que sabia fazer, o fruto não acontecia. Depois de dois anos de árduo trabalho, nenhum fruto sequer. Então, Deus falou comigo: "A terra é boa, mana leite e mel. Mas há de se trabalhar a terra, há de se ter paciência. Sendo assim, mude sua expectativa de um tempo de colheita rápida para uma expectativa de uma colheita a longo prazo. Cuide da terra, invista numa equipe que ame este lugar e tenha paciência".

Nunca podemos nos esquecer de que a terra que Deus nos dá é preciosa em extremo. Sei que há pessoas que dizem: "Ah! pastor, aquela irmã tem a língua grande [...] ou, aquele irmão é muito inconstante [...] ou, o outro irmão reclama de tudo [...] e ainda, o outro não vai em nada que marcamos [...], a outra é problemática [...], a outra só olha para o umbigo". Eu digo que são pessoas preciosas! A terra mana leite e mel! Essas pessoas precisam de líderes que trabalhem a terra. Mas há uma outra questão, além de termos que trabalhar a terra, é necessário crer. É preciso crer que Deus fará o que diz que fará. Essa fé, aplicada à Palavra de Deus, irá transformar a terra seca, ou seja, aquelas vidas com dificuldades, emperradas, impedidas de avançar, numa terra fértil. É esse tipo de liderança de fé que Deus está buscando. Essa deve ser a nossa fé, a sua e a minha. Não coloque suas expectativas nas pessoas, coloque suas expectativas em Deus. Certamente, alguns dos que recebem investimento não responderão, mas digo a você, sem medo de errar, que outros virão e responderão. Portanto, coloque suas expectativas em Deus e em Deus somente! Creio que isto aplica-se a você e a mim. Minha expectativa é que o Espírito Santo de Deus possa usar essa Palavra como espada aguçada e revirar nossas entranhas para produzir, em nós, um posicionamento de fé que faça a diferença.

Por fé ou por vista?

Nossa decisão de andar por fé ou por vista depende de nossa escolha em pôr nosso foco no problema ou no Deus Todo-Poderoso. Sempre estaremos entre tais possibilidades, o que não nos é novidade. Todavia, gostaria de andar um pouco mais nessas questões para tratarmos de nosso posicionamento diante das circunstâncias trazidas pela obra à medida em que avançamos nela. Vejamos o que a Bíblia nos diz em Números 13.

E falou o SENHOR a Moisés, dizendo: envia homens que espiem a terra de Canaã, que eu hei de dar aos filhos de Israel; de cada tribo de seus pais enviareis um homem, sendo cada um príncipe entre eles. E enviou-os Moisés do deserto de Parã, segundo a ordem do Senhor; todos aqueles homens eram cabeças dos filhos de Israel. E estes são os seus nomes: Da tribo de Rúben, Samua, filho de Zacur; da tribo de Simeão, Safate, filho de Hori; da tribo de Judá, Calebe, filho de Jefoné; da tribo de Issacar, Jigeal, filho de José; da tribo de Efraim, Oséias, filho de Num; da tribo de Benjamim, Palti, filho de Rafu; da tribo de Zebulom, Gadiel, filho de Sodi; da tribo de José, pela tribo de Manassés, Gadi filho de Susi; da tribo de Dã, Amiel, filho de Gemali; da tribo de Aser, Setur, filho de Micael; da tribo de Naftali, Nabi, filho de Vofsi; da tribo de Gade, Geuel, filho de Maqui. Estes são os nomes dos homens que Moisés enviou a espiar aquela terra; e a Oséias, filho de Num, Moisés chamou Josué. Enviou-os, pois, Moisés a espiar a terra de Canaã; e disse-lhes: Subi por aqui para o lado do sul, e subi à montanha: E vede que terra é, e o povo que nela habita; se é forte ou fraco; se pouco ou muito. E como é a terra em que habita, se boa ou má; e quais são as cidades em que eles habitam; se em arraiais, ou em fortalezas. Também como é a terra, se fértil ou estéril; se nela há árvores, ou não; e esforçai-vos, e tomai do fruto da terra. E eram aqueles dias os dias das primícias das uvas. Assim subiram e espiaram a terra desde o deserto de Zim, até Reobe, à entrada de Hamate. E subiram para o lado do sul, e vieram até Hebrom; e estavam ali Aimã, Sesai e Talmai, filhos de Anaque (Hebrom foi edificada sete anos antes de Zoã no Egito). Depois foram até ao vale de Escol, e dali cortaram um ramo de vide com um cacho de uvas, o qual trouxeram dois homens, sobre uma vara; como também das romãs e dos figos. Chamaram àquele lugar o vale de Escol, por causa do cacho que dali cortaram os filhos de Israel. E eles voltaram de espiar a terra, ao fim de quarenta dias. E caminharam, e vieram a Moisés e a Arão, e a toda a congregação dos filhos de Israel no deserto de Parã, em Cades; e deram-lhes notícias, a eles, e a toda a congregação, e mostraram-lhes o fruto da terra. E contaram-lhe, e disseram: Fomos à terra a que nos enviaste; e verdadeiramente mana leite e mel, e este é o seu fruto. O povo, porém, que habita nessa terra é poderoso, e as cidades fortificadas e mui grandes; e também ali vimos os filhos de Anaque. Os amalequitas habitam na terra do sul; e os heteus, e os jebuseus, e os amorreus habitam na montanha; e os cananeus habitam junto do mar, e pela margem do Jordão. Então Calebe fez calar o povo perante Moisés, e disse: Certamente subiremos e a possuiremos em herança; porque seguramente prevaleceremos contra ela. Porém, os homens que com ele subiram disseram: Não poderemos subir contra aquele povo, porque é mais forte do que nós. E infamaram a terra que tinham espiado, dizendo aos filhos de Israel: A terra, pela qual passamos a espiá-la, é terra que consome os seus moradores; e todo o povo que vimos nela são homens de grande estatura. Também vimos ali gigantes, filhos de Anaque, descendentes dos gigantes; e éramos aos nossos olhos como gafanhotos, e assim também éramos aos seus olhos. (Números 13:1-33)

Ao lermos a Palavra de Deus aqui, não podemos deixar de observar suas simbologias. Uma delas é a nação de Israel que, no Antigo Testamento, representa um tipo ou uma sombra daquilo que é a realidade do Novo Testamento. Israel fala da igreja. Sempre que o Velho Testamento trata de Israel, compreendemos que trata-se de nós, no Novo Testamento.

Vejamos que Israel foi conduzido por Deus através de situações inusitadas. Eles chegaram ao Egito conduzidos por uma situação aparentemente singular que havia acontecido com José. Todos conhecemos essa história: José havia sido vendido como escravo para o Egito e, posteriormente, por causa de uma fome geral na terra, Deus traz para o Egito toda sua parentela, o povo de Israel. Ali ficaram quatrocentos e poucos anos, o que foi suficiente para se multiplicarem e crescerem assustadoramente.

Como os anos foram passando, José tornou-se esquecido e, certa ocasião, houve no Egito um rei que não conhecia sobre José. Assustado com a numerosa nação que habitava em sua terra, Faraó decidiu escravizá-los para evitar que o Egito fosse controlado por Israel em caso de guerra. Em todo esse processo de escravização do povo hebreu, o Egito também decidiu trabalhar num sentido de controlar o crescimento desse povo e, portanto, estabeleceu uma sistemática de eliminação das crianças de sexo masculino, além de todo massacre e torturas com o fim de gerar grande temor no povo. O povo de Israel viveu tempos de perseguições numa espécie de ditadura faraônica que nada era agradável e, muito menos, *light*. A verdade é que tudo isso fez os israelitas viverem dias sob o peso do horror, do medo e da morte.

Justamente neste contexto de densas trevas e desespero que Deus levantou Moisés para libertar a nação do terrível jugo egípcio. O Senhor os libertou definitivamente daquela escravidão desumana e, para certificar-se de que a libertação era sem volta, Deus colocou um mar entre o Egito e a nova vida na terra que o Senhor havia preparado para Israel. De igual modo veio Cristo nos libertar da terrível escravidão e opressão do pecado sobre nós. Sua morte e ressurreição é como o Mar Vermelho que separa nossa velha natureza de nós, novas criaturas em Cristo Jesus; Ele separou, definitivamente, nossa identidade antiga da nova identidade; nossa vida carnal baseada naquilo que é natural da nova vida espiritual fundamentada na fé.

O Mar Vermelho fala do nosso batismo que, em outras palavras, significa que não há mais volta para nós, não há como voltarmos para o Egito. A grande questão é que não há mais retorno para o Egito, pois não estamos mais debaixo da jurisdição de Faraó que, no Velho Testamento, simboliza Satanás. Esse mar, ou seja, esse batismo fala do sepultamento de nossa velha natureza, de nosso antigo homem, e isso é a segurança da salvação que temos em Cristo Jesus. Deus nos fez sair do Egito: largar toda comida do Egito, abandonar todo estilo de vida do Egito, todos os valores do Egito, todas as belezas ofuscantes e terrenas do Egito para nos atrair a uma promessa de vida abundante numa terra que Ele separou especialmente para nós. Nos arrependemos de nossos pecados e, através da morte, fomos sepultados no mar vermelho, no batismo em Cristo, cruzando uma linha limite, mudando de fronteira.

Sei que todos conhecemos essa história, mas meditar nela é algo maravilhoso! Gera vida aos nossos corações! Compreender tudo isso nos permite ver a grandiosidade de Deus de modo sobrenatural. Voltemos ao povo de Israel; em primeiro lugar, no Egito, eles eram escravos. Isso significava que eles não tinham direito a absolutamente nada: não tinham uma conta poupança no banco, não tinham carteira de identidade, não possuíam cartões de crédito, não tinham VISA ou MasterCard, não tinham carro nem direito à uma casa, não podiam possuir objetos cortantes, nem uma faca para cortar-lhes um bife. Era um povo sem autorização de posse, escravos.

Depois, em segundo lugar, miraculosamente, esse povo passou por uma libertação de Deus, cruzaram o mar, foram batizados no mar e transformados num povo livre, completamente livres do domínio de faraó. Então, agora, em terceiro lugar, eles receberam uma promessa de terem uma terra suficientemente boa para lhes dar o leite, ou seja, o sustento, o suprimento; tudo o que fosse necessário ou básico para viverem. Mas, além do leite, Deus havia prometido o mel, que falava do conforto, das delícias, da prosperidade e da segurança. Contudo, a promessa do leite e do mel trazia, além do sustento e das delícias, o desafio para exercitar a fé; diante da aridez da terra, Israel precisava crer nas palavras do Senhor e em suas promessas em relação ao lugar em que haviam chegado. Israel precisou se posicionar em fé. Era necessário fazer a decisão de crer nas promessas e viver pela fé enquanto recusavam viver pelo que viam.

O mesmo acontece comigo e com você. Precisamos decidir viver baseados nas promessas e não no que vemos ao nosso redor ou no que as circunstâncias gritam em nossos ouvidos. Precisamos declarar as Palavras que Deus nos deu e recusar os fatos que estão ao nosso redor. Precisamos viver por fé e não por vista. Não desista de sua terra ou de sua promessa apenas porque não vê nela a promessa de Deus. Se Ele prometeu, Ele irá cumprir. Continue investindo, continue acreditando, continue confessando que você é mais que vencedor. Sem sombra de dúvidas, você verá o poder de Deus agindo em sua família, sua vida e sua célula. Lidere através da fé, caminha através da fé, ministre através da fé, trabalhe pela fé, caminhe pela fé; pois o justo nasceu para viver pela fé!

Acredito que, neste momento do texto, começamos a "trombar" com o primeiro grande problema; quero chamá-lo de "crentolândia festiva". Esses são todos os que concordam com a Palavra, mas não se posicionam em fé. O crente protestante, evangélico de pedegree, concorda com a Bíblia, não se opõe à Palavra, mas na hora "H" de arrancar dela as promessas de Deus, de dar substância à fé e de aplicar a Palavra a si mesmo, de repente, como numa piscar de olhos, simplesmente, ele deixa de crer e não se posiciona nas promessas de Deus.

Se tratarmos das questões de identidade, as coisas ficam ainda piores; o "crentossauro religioso" se recusa a posicionar-se em relação à sua própria identidade em Cristo. Daí permanecemos como um bando andando em círculos vivendo em um círculo vicioso que nunca tem fim; roda, roda, roda e não sai do lugar. Veja então que não adianta vir às reuniões da igreja se não colocamos a Palavra em prática; quando digo: "colocar a palavra em prática" quero dizer "crer no que ela diz" e aplicá-la em sua vida. Ninguém pode ter uma atitude de fé no seu lugar; bem que seria interessante, mas é impossível! Cada um dará conta de si mesmo diante de Deus, cada um. O marido não pode crer pela esposa; a mãe não pode crer pelo filho; o pastor não pode crer pela ovelha. Cada um crê para si, essa é uma decisão pessoal; ou pego a Palavra e decido crer, ou não vou colher os seus frutos prometidos. "Cri, por isso também declarei". Isso fala de pegar as promessas e tomá-las como verdade inegociável. Se tomo a Bíblia como mera doutrina, como mero ensino, passo a ter um problema gravíssimo! É, por isso, que há tanta esquizofrenia espiritual, ou seja, uma flagrante contradição entre o sim das promessas divinas e a paupérrima realidade pessoal de tantos cristãos. O sim e o não convivendo na mesma pessoa, coisa insana!

Veja que os fariseus eram assim: concordavam com a Palavra, todavia não se posicionavam em fé; sempre que lhes era necessário que a Palavra fosse acompanhada de fé no sentido de "eu creio, eu decido crer", isso não acontecia. Os fariseus a limitavam, a tratavam como um manual de doutrinas vazio de vida, semelhante àquilo que acontece hoje em muitos lugares. Quantos cristãos, quantas igrejas estão mergulhados em morte, mesmo tendo um conjunto de "doutrinas certinhas" e bíblicas? Por que essas coisas ainda acontecem entre aqueles que se dizem discípulos de Cristo ou filhos de Deus? Porque não basta concordar passivamente com as Escrituras, é necessário aplicar uma fé genuína e prática em relação às promessas. É isto o que diferencia um cristão religioso e meramente nominal de um cristão que agrada a Deus. Um é apenas seguidor passivo enquanto o outro aprendeu que para agradar a Deus precisa trazer consigo um coração de fé.

No universo das denominações tais fatos acontecem porque não há fé aplicada. Todos temos fé, mas poucos a aplicam. Há muita gente falando besteira por ai dizendo: "Ah, pastor, eu não tenho fé!" Por favor, pare de falar asneira, poupe a Deus e a mim também! A Bíblia, que é a verdade, diz que você tem fé, foi Deus quem colocou a fé em seu coração. Para início de conversa, caso você não tivesse fé, não estaria salvo, pois a salvação é pela graça por meio da fé! Veja o que a Bíblia diz: "Porque pela graça sois salvos, mediante a fé, isso não vem de vós, é dom de Deus". Todos nós temos uma medida de fé colocada por Deus em nosso coração.

Agora, o que adianta ter uma medida de fé e não usá-la? O pior de tudo é que desonramos a Deus quando desprezamos o que Ele nos promete, ou seja, sempre que não cremos e não aplicamos Sua Palavra em nossa vida diária, nas diversas circunstâncias de nossa vida, desonramos o Senhor Deus. Em muitos lugares da Palavra de Deus, Ele diz que "sim", mas nós teimamos em dizer pelas atitudes que "não"! Assim, a "crentolândia festiva" desonra ao Senhor, sistematicamente, fazendo-o mentiroso, mesmo nas coisas mais simples; quem dirá nas complexas! Portanto, amado irmão ou irmã, adote a Palavra de Deus e libere uma fé simples, confesse e creia. Não permita que o inimigo te desanime, oprima ou ameace. Você tem a Palavra, use-a! Ela pertence a você. Então, creia em Deus e honre-o!

Seja feito conforme a sua fé

A Palavra diz que o Senhor abençoa a aliança entre um homem e uma mulher. Assim, sabemos da existência sobrenatural da bênção divina sobre nosso casamento. Todavia, ao enfrentarmos situações adversas com nosso cônjuge, por mínimas coisas, deixamos de crer na Palavra para nosso casamento, então, desonramos a Deus. A Bíblia afirma que o Senhor sustenta seus amados enquanto dormem, mas na hora de crer na Palavra para o suprimento de nossa casa, desonramos a Deus, pois confiamos na força de nosso trabalho e nos arranjos financeiros que fazemos com cartões de crédito, empréstimos, prestações e outras coisas mais. Não me interprete mal. Não digo que não devemos trabalhar duro. Digo que devemos, aliado a isso, ter um firme posicionamento em fé. O fato é que na hora de permanecer e de sustentar nossa posição de fé, não vamos longe e desistimos. Somos crentes porque cremos. Crer nos define como povo de Deus. Então, creia! Quem é crente, crê!

As promessas de Deus tem a ver com o nosso bem estar eterno, nossa proteção, nossa saúde, nosso suprimento, nossa cura, nossa salvação, nossa paz, nosso conforto, nosso perdão. Não defendo aqui um evangelho em que o centro está no homem e em suas cobiças infantis, não é isso! Todas as promessas estão ligadas à graça de Deus! Ele nos promete usufruirmos de suas promessas! Todavia, por outro lado, as promessas de Deus são, também, um desafio contra a corrente, um desafio para nossa fé. Veja que o Senhor nos prometeu coisas maravilhosas quanto ao seu reino, como: a vitória pessoal, o seu extraordinário favor, o crescimento da igreja, o avançar das missões, o avançar do reino em nossas cidades, além de muitas outras coisas. Contudo, tudo isso também se traduz num desafio que somente pode ser encarado pela bravura da fé. Sendo isso verdade, chegamos ao ponto central deste texto: todas as promessas de Deus para você passarão pela sua identidade.

O fato é que a apropriação de todas as promessas de Deus para você, para o seu benefício e conforto, passarão pela sua identidade. Se você crer, você terá a bênção, a proteção, a paz, o perdão, o suprimento, a salvação, a capacitação, a força, o vigor e a sensibilidade de Deus e de seu Santo Espírito. Todavia, se você não crer naquilo que Deus fez em sua vida, você vai continuar a ser uma geleia inconsistente, e usando algo bem popular, uma "banana", uma "pamonha" que nunca desfruta das bênçãos de Deus.

Os brasileiros costumam gostar muito de pamonha. Pamonha é algo inconsistente, mole, sem firmeza alguma. Então, para fazermos referência de alguém mole e sem iniciativa, esse termo "pamonha" é usado como adjetivo negativo para se referir a alguém sem fibra. Uma pamonha nunca pode ser posta por coluna de nada. Nunca podemos substituir algo que necessita de uma estrutura por uma pamonha. Uma coluna precisa de rigidez, de constância, de firmeza, e essas coisas somente vêm através da fé. Não há espaço para incrédulos no reino de Deus. Não há espaço para desculpas esfarrapadas entre aqueles que querem andar e liderar no reino de Deus. Não cabe a inconstância da pamonha: "eu não permaneci porque não tinha amor [...], não havia ninguém para me ouvir, conhecer meus problemas, ajudar-me num processo de cura interior [...]; não encontrei ninguém para me carregar no colo". Acredite em mim, já ouvi isso com os meus ouvidos! Isso é bem próprio daquele estilo da auto-piedade melosa, mas, diante de Deus, se formos por esse caminho seremos indesculpáveis. Os recursos estão todos disponíveis para você, portanto, levante-se e posicione-se crendo e aplicando uma fé viva às suas circunstâncias!

Deus mesmo irá suprir todas as suas necessidades! Ele vai cuidar e carregar você no colo como Pai amoroso que é. Deus mesmo haverá de curar suas feridas, mas tudo isso somente ocorrerá através de uma atitude em fé. Levante-se! Se não caminharmos em fé, não poderemos estar diante de Deus. Para o Senhor não cabe desculpas à incredulidade, pois a falta de fé não agrada a Deus. Na verdade, a incredulidade, nos afasta dEle, pois o faz mentiroso. Incredulidade é o pecado mais grave; é o pai de todos os outros pecados. A verdade, queridos, é que quanto mais incrédula uma pessoa se torna, mais problemática, complicada, melindrosa e carnal será. A incredulidade é a real fonte de nossos problemas! Assim, meu diagnóstico, sem medo de errar, é que seu problema é, de fato, sua incredulidade! Quer que eu resuma aqui, biblicamente falando, a raiz de todos os seus males e problemas é a sua persistente, teimosa e resistente incredulidade! Sua birra em resolver seus problemas na base do esforço próprio, bem como sua rebeldia apontam para esse fato: incredulidade. E ainda mais digo que suas dores, seus sofrimentos inúteis, seus dramas sem fim são, também, consequências que vem direta de sua incredulidade!!!

O princípio da cruz

Por mais crua e nua que seja a verdade, quanto mais problemática é a pessoa, mais centrada em si mesma ela é. Geralmente são aquelas que fazem grande conta com suas questões pessoais, seu conforto, seu direito à felicidade, sua visão de mundo e seus sonhos que desejam realizados a qualquer custo. O EGO entronizado evidência o quão fortemente uma pessoa insisti em estabelecer seus próprios caminhos e, consequentemente, essa pessoa estará distante do poder transformador de Deus liberado pela fé. Uma "fé" como essa, se podemos dizer assim, está em si e não em Deus. Daí uma romaria insistente rumo à cura interior pela tentativa de acariciar o EGO numa ladainha de "coitadinhos". Note bem que a cura interior do EGO ferido vem pela cruz: que tal negar a si mesmo? Que tal parar de ser centrado em si próprio e parar de enxergar apenas o próprio umbigo? Pare de enxergar somente a si mesmo no centro do universo! Quando isso acontecer, haverá esperança de cura! Sabe o que é isso, é a cruz; é o princípio da cruz, é negar-se a si mesmo. Se sua vida está cheia de problemas é porque seus olhos estão voltados somente para si. O maldito egoísmo, a verdadeira religião dos incrédulos é um enorme empecilho à fé. O egoísmo nos impede de crer, nos faz evitar a cruz, nos faz esquecer do negar a nós mesmos e, por esse motivo, não podemos ser, finalmente, libertos e restaurados.

Talvez você julgue isso simplista demais! Entretanto, garanto que existem pessoas esperando uma raiz mais profunda, afinal, para sermos libertos do egoísmo, as coisas não podem ser tão simples assim, pensam elas. Muitos querem fazer regressão, cura com anjos, cura com cristais, cromoterapia e tratamentos com aromas exóticos; tudo isso para rearmonizar os "chacras"! Pelo amor de Deus! Você percebe que todo esse monte de coisas levam as pessoas a colocarem sua fé até no absurdo, mas não em Deus? Muitas pessoas buscam retornar às vidas passadas, ler a energia do corpo, recitar besteiras de todo o tipo, abrir-se para todo lixo religioso e, alguns deles, acreditando até em gnomos. Daí caem no discurso: "Deve haver uma razão mais profunda, uma palavra mais densa em algum lugar, uma revelação especial"; outros ainda dirão "Deve haver algo de cura interior sobre uma área que ainda não fui capaz de enxergar, então, um homem de Deus colocará a mão em minha cabeça e, depois de um 'trelelê' serei curado". Desculpe-me decepcioná-lo, pois isso não vai curar você, nem aqui nem na Conchinchina. Acredite em mim, conheço isso de longas datas e posso dizer que essas coisas são vãs, inócuas e inúteis! Sem fé em Deus e em sua Palavra, não haverá esperança para ninguém. Se não tivermos a mesma atitude, abandonando todo nosso egoísmo incrédulo, independente e rebelde, de modo algum encontraremos a libertação de nossas loucuras, de nossas muitas dores, de nossas frustrações e de nossos infinitos problemas. A verdade dos fatos é que você pode virar do avesso de tanto fazer curso de cura interior, passar por trinta e dois encontros, novecentos e quarenta e dois reencontros, ir da Colômbia à Coréia, passar por todos países, de Cingapura à Nigéria, dos EUA ao Sudão, mas se você não tiver fé, permanecerá com o mesmo problema, porque a base dos nossos problemas é o egoísmo e a incredulidade.

Mas, por que o egoísta é infeliz? Porque nem tudo o que ele quer acontece; porque as coisas nem sempre são como ele quer e planeja. O egoísta é infeliz porque o que ele esperava e o que ele pediu não foi o que recebeu. Como ele está centrado no próprio umbigo as circunstâncias externas que ele não controla regem seu bem estar. Por isso está sempre a reclamar, murmurar, sempre infeliz. O infeliz é aquele que exige que as coisas sejam do seu jeito, e Deus não tem compromisso com isso. O egoísmo coopera com a incredulidade, pois a fé exige dependência de Deus, e o egoísta deseja depender somente de si próprio.

O FIASCO DA INCREDULIDADE

A incredulidade é aquilo que nos impede de andar nas promessas de Deus e conquistar o território do Senhor. Deus tem um propósito para sua igreja que precisa ser alcançado através de seus líderes. Então, há aqui uma pergunta: com que tipo de líderes iremos conquistar o propósito de Deus para a igreja em nossa geração? Com que tipo de crente alcançaremos a vontade de Deus para nossos dias? Com o crente flácido, derrotado, fracassado, cheio de dúvida, incrédulo, dúbio, descomprometido, que segue o próprio nariz, que não tem aliança com nada nem ninguém? Quando é que vamos conquistar algo com esse tipo de exército? Nunca!

A verdade é que, simplesmente, não haverá um exército.Enquanto os crentes são individualistas, cada soldado pensando em seu próprio umbigo, não haverá como canalizar essa força formidável para nada! O exército se constitui quando seus soldados compreendem que *a causa* agora está além de si próprio. A conquista de uma guerra somente é possível com um exército forte, preparado, unido e focado em uma causa. Se todos estiverem com os olhos voltados nos interesses pessoais, não haverá conquista, mas derrota. Que tipo de soldado de Cristo temos sido? Estamos olhando nosso próprio umbigo ou nossos olhos estão voltados para a causa de Cristo? Sejamos sinceros conosco! Vamos ter a coragem de olhar para nosso interior na luz do Espírito Santo e nos arrepender de toda incredulidade maligna que tenta ocupar espaço em nossos corações. Esteja certo de uma coisa, sem fé, nunca conseguiremos cumprir o propósito que Deus estabeleceu para nossas vidas.

Capítulo 7

A INCREDULIDADE IMPEDE O CUMPRIMENTO DA PROMESSA

E disse o Senhor a Moisés: até quando me provocará este povo? E até quando não crerá em mim, a despeito de todos os (milagres) sinais que fiz no meio deles?"(...) Tornou-lhe o Senhor; segundo a tua palavra eu os perdoei. Porém tão certo com eu vivo, e como toda a terra se encherá da glória do Senhor, Nenhum dos homens que tendo visto a minha glória os prodígios que fiz no Egito e no deserto, todavia me puseram a prova estas dez vezes, e não obedeceu a voz, Nenhum deles verá a terra que com juramento prometi aos seus pais, sim nenhum daqueles que me desprezaram a verá. (Números 14:11;20-23)

Percebemos claramente nesses versículos que Deus está se opondo a incredulidade. Há uma clara compreensão de que Deus está dizendo, em outras palavras, que todos aqueles que haviam experimentado de uma genuína salvação de Deus; que viviam no Egito, escravos de Faraó e de seus soldados, mas que conheceram o braço forte do Senhor os fazendo passar pelo Mar Vermelho, e que com o tempo, se tornaram incrédulos, nenhum desses experimentariam a posse das promessas. Severamente o Senhor estava privando os incrédulos de gozarem das promessas de bênção, de conforto, de proteção, de prosperidade, de força, de vigor, de unção e de autoridade disponíveis na promessa. A incredulidade nos impede de avançar em Deus e de ver suas promessas para nós.

Todo aquele que nasceu de novo, foi liberto do domínio de Satanás e passou pelas águas como uma marca desta experiência de libertação, precisa permanecer em fé para alcançar todas as promessas e bênçãos do Senhor. Todavia, os que acolheram a incredulidade em seus corações, perderão a graça de entrar na posse das promessas do Senhor para seus filhos. Promessas relativas à conquista do reino, do ministério, da unção, do chamado missionário, do chamado ministerial. A incredulidade pode impedir você de ser quem o Senhor chamou você para ser; ela trabalha contra sua identidade espiritual em Deus.

A CONQUISTA É POR MEIO DA FÉ

Porém o meu servo Calebe, porquanto nele houve outro espírito, e perseverou em seguir-me, eu o farei entrar na terra que espiou Neste deserto cairá o vosso cadáver, e também todos os que vos foram contados segundo o censo, de vinte anos para cima, os que dentre vós contra mim murmurastes.
(Números 14:24 e 29)

E vossos filhos serão pastores neste deserto quarenta anos, e levarão sobre si as vossas infidelidades, até que os vossos cadáveres se consumam neste deserto. Segundo o número dos dias que espiastes esta terra quarenta dias, cada dia representando um ano, levareis sobre vós as vossas iniquidades quarenta anos, e tereis experiência do meu desagrado.
(Números 14:33-34)

A fé era o único meio pelo qual Deus poderia conduzir o povo à posse da Terra prometida. O povo de

Israel precisava se posicionar em fé na sua identidade. Deus não agirá na terra senão através dos homens; de sua igreja, mais precisamente. Deus não iria levantar outra nação! Deus tinha um povo e uma promessa para aquele povo. Eles precisavam somente andar em fé para conquistar a terra prometida do Senhor para eles. Hoje, Deus tem sua igreja e há promessas para ela. Devemos andar em fé para vê-las se materializando diante de nós. Se não andarmos em fé e não decidirmos crer, assumindo quem realmente somos, crendo que temos o que Ele diz que temos, não teremos as bênçãos do Senhor. Essa aitude de fé deve se transformar num estilo de vida para nós.

O problema da incredulidade é que ela nos estanca. A incredulidade leva muitos a ficarem iludidos dentro da igreja por dez, quarenta, sessenta anos, até chegar o dia do funeral sem viver absolutamente nada da abundância nem das promessas de Deus para seus filhos. A incredulidade faz muitos ficarem concordando intelectualmente com a Bíblia, mergulhados na miserável e maligna condição em que se encontram. Infelizmente, como um crente que, de fato, não crê em nada. Convenhamos, você é crente? No que você acredita? Sua fé está posta em que?

A Bíblia afirma que a fé é o instrumento de Deus para trazer à realidade, à materialização, tudo o que está nEle. A fé é um instrumento de Deus para a nossa salvação, para o perdão de nossos pecados, para termos nossas orações respondidas, para ter nossa alma transformada, para andarmos em vitória sobre o pecado, enfim, a fé é um instrumento de Deus que põe todas as coisas celestiais à caminho da realidade, materializadas nesta terra. Então vem a pergunta: Você tem caminhado em fé? Você tem visto as promessas de Deus se materializando em sua vida, ministério e família? Ou você tem sido apenas um espectador de um teatro criado pelo inimigo onde você é sempre o bom mocinho que sofre e morre no final? Tome sua posição de fé contra as armadilhas do diabo e veja hoje, sua vida sendo transformada. Você foi chamado para crer, chamado para avançar, para liderar com graça e amor. Você foi chamado para ser um crente, que crê de verdade.

Capítulo 8

CRER APESAR DE TUDO

É interessante estabelecer alguns paralelos entre o Velho e o Novo Testamento para enxergarmos melhor a bondade do Senhor em nos deixar sua Palavra para nos ensinar como caminhar em fé segundo a sua vontade. Observando o povo de Israel e os problemas enfrentados em sua jornada de fé, perceberemos como podemos nos precaver em nossas ações para caminharmos melhor com nosso Senhor. Se nos atentarmos a algumas características do povo de Israel, perceberemos profundas semelhanças entre eles e nós.

Em primeiro lugar, eles haviam sido escravos a vida inteira. No Egito, eles eram prisioneiros, não tinham liberdade e se enxergavam como tais. Tudo isso os fez influenciáveis a ponto de terem uma identidade mexida pela escravidão e opressão do faraó. De igual modo, até encontrarmos com Cristo, éramos prisioneiros e escravos das pressões espirituais. Vivíamos manipulados pelo reino de Satanás, pressionados por espíritos malignos que não enxergávamos enquanto escravos. Nossa identidade foi severamente marcada, alterada e deteriorada por tais prisões.

Em segundo lugar, a autoestima do povo de Israel era a mais baixa possível. Como eles estavam no mais baixo nível social, pois eram escravos, não tinha como tornar a autoestima deles mais inferior. De igual modo, uma vez no pecado, nenhum homem tem autoestima elevada. A condição escrava do homem ao pecado deteriora sua identidade totalmente. Torna-se incapaz de pensar além dos limites do que lhe é imposto. Em terceiro lugar, o povo de Israel no Egito não possuía propriedade. Eles nada tinham. Não possuíam casa, nem dinheiro, nem salário, nada. Eles não tinham direito algum, para coisa alguma, pois eram escravos. A autoimagem que essa gente desenvolveu era de quem não tinha esperança para nada. Eles não tinham expectativa nenhuma que as coisas mudassem e, assim, foi por gerações. Tudo isso testemunhava contra a fé daquele povo. De igual modo éramos nós no pecado. De repente, perdemos a perspectiva de Deus e não mais conseguimos alcançar a esperança. Se há algum sonho para os que estão distantes de Deus, são meramente sonhos voltados para o esforço próprio, que não trazem expectativa alguma além daquilo que os olhos podem vem. A vida, de repente, esvazia-se em si própria e passa a ser uma montanha-russa de desejos e emoções egoístas e sem propósito existencial algum.

Crendo apesar do tempo de espera

Meu pai era paulistano, morava com toda sua família numa grande e confortável casa até a morte do meu avô, que deixou uma grande herança. Ele e seus irmãos decidiram mudar-se para Goiás no tempo da construção de Brasília. Quando chegaram ao seu destino, eles investiram tudo o que tinham; compraram fazendas, equipamento de plantio e outras iniciativas. Infelizmente, nada deu certo e eles acabaram por perder tudo o que possuíam. Tamanha foi a falência que não sobrou-lhes dinheiro para mandar minha vó de volta para São Paulo com os móveis de sua casa. Depois que meu pai casou-se e teve filhos, crescemos e presenciamos sua realidade de não possuir nada. Meus pais sofreram muito na vida e somente quando eu já era um adolescente, recém-convertido, que nos surgiu uma oportunidade de comprar uma casa financiada. Meu pai tinha como pagar as prestações, pois cabiam dentro do orçamento dele, contudo, mesmo tendo condições, ele nos disse que nos era impossível comprar aquela casa, pois as prestações eram altas e ele temia passar novamente por outro grande aperto financeiro. O fato era que meu pai fora marcado pelas perdas e não acreditava que podia ter alguma posse.

Quando a esperança se adia e é, por demais, prolongada, você começa a descrer que é possível haver alguma alteração no quadro em que está. Aquele sonho tão protelado ser realidade, aquele casamento que nunca veio, aquela casa que nunca veio, aquele emprego que nunca vem, aquela solução do problema crônico, tudo isso começa a se tornar realidades que doutrinam você na incredulidade, a "arte do impossível".

Meu pai, por exemplo, tornou-se preso em suas experiências de perda por tempo demais; até adotar uma vida resignada sem esperar qualquer mudança positiva. Já havíamos nos acostumado a não ter casa, a não esperar que a vida melhorasse e que pudéssemos ter algum conforto. Crescemos num ambiente onde tudo era extremamente árduo, duro e difícil de se conseguir.

A mesma falta de fé para coisas naturais e bens materiais afetava, também, nossa vida com a falta de paz, harmonia e expectativas de uma formação profissional para os filhos. Tudo isso aconteceu porque nossa mentalidade de escravo se prolongou por tempo demais. Era o que víamos ao nosso redor todo o tempo. Assim, foi com o povo de Israel, mesmo estando debaixo da mão de um Deus Todo-Poderoso, eles permaneciam se vendo através da antiga identidade, marcada pelo passado.

A nós pertence a batalha da fé

Há uma questão muito interessante de se observar quando estudamos o período de escravidão dos judeus no Egito. O fato é que o povo de Israel nunca enfrentou o exército de Faraó cara a cara. Eles nunca tiveram que tirar a espada para lutar contra os egípcios, nem tiveram que entrar numa luta de fato, para Deus libertá-los de lá. Esse dado é importante para notarmos a verdade de que não somos nós quem devemos lutar contra Faraó a fim de conquistarmos nossa libertação, pois é o próprio Deus quem lutará sempre por nós. Os israelitas não possuíam um exército regular e treinado. Nunca houve confronto direto entre os israelitas e os egípcios. Foi o Senhor que lutou suas batalhas para libertá-los de Faraó.

O processo de libertação é feito e estabelecido por Deus, contudo, uma vez livres, começamos nossa saga para alcançarmos a terra que o Senhor nos prometeu. Para tomarmos posse das promessas de conforto, para conquistarmos território e avançarmos no reino de Deus, temos de lutar e nos dispor; essa **mudança de atitude** foi justamente o fato que eles não estavam acostumados. Deus trabalhou por eles no Egito e libertou-os de Faraó; ninguém foi livre por esforço próprio. Semelhantemente somos nós, não fomos libertos por nós mesmos, todo trabalho foi feito por Deus. Contudo, precisamos de uma atitude, ou seja, um novo estilo de vida a ser adotado permanentemente. A única luta que somos convocados para lutar é a "luta de atitude"; uma luta de fé. Precisamos lutar, em fé, para avançarmos nas promessas do propósito profético de Deus para nós.

Uma vez livres, o povo de Israel não entendeu essa postura de fé, nem se dispôs a se apresentar ao Senhor nessa nova atitude de fé. Deus mostra a terra para eles, mas os israelitas somente enxergavam os problemas, as dificuldades e os inimigos. Haveria a necessidade de lutar para alcançar a terra prometida? Sim, mas o que aquele exército de fracos representava quando comparados ao poderoso exército egípcio que já haviam vencido? Seria os exércitos que estavam na terra prometida mais fortes que o exército do Egito? Claro que não. Todavia, infelizmente, os israelitas, em sua mentalidade de escravo, com identidade de escravos, não se prontificaram a enfrentar o inimigo na batalha. Com aquela identidade lastimável, ainda escravizada, o povo mergulhou na incredulidade. Sem a fé para lhes mover ao avanço, o temor os levou a se acovardarem e a se intimidarem; recuaram inseguros e medrosos. Para permanecermos no propósito do Senhor e alcançarmos os frutos de sua promessa, temos de abraçar a batalha da fé e resistir todo ataque do diabo contra ela.

Naquela ocasião, as consequências da incredulidade foram agudíssimas. O povo desmoronou-se imediatamente em suas emoções. O desânimo, a melancolia e uma profunda tristeza tomou conta de todos. Isso aconteceu porque a esperança do povo acabou naquele momento, juntamente, com o momento em que enterraram sua fé. Então, começaram a buscar culpados, a murmurar e perderam por completo os "freios da boca". Os piores impropérios e acusações injustas começaram a ser ouvidos no arraial e, também, no céu. Divisão, derrota e murmuração. E quanto à promessa de Deus? Como sabemos, ela foi adiada até que houvesse uma outra geração de fé que se dispusesse a ter uma atitude de crer em Deus.

Não é exatamente assim que acontece dentro de nós quando "perdemos a fé"?

Infelizmente essa é a realidade de muitos "crentes": Deus já os libertou dos domínios de Faraó, mas para conquistar alguma coisa na vida, há a necessidade de uma atitude, de uma luta de fé. Uma genuína batalha da fé. É uma guerra contra a impossibilidade de um suprimento em determinada área, contra um bloqueio em outra, contra uma fragilidade sempre acentuada em qualquer situação de pressão. Enfrentamos situações semelhantes às enfrentadas pela nação de Israel. De fato há aqui uma "guerra de imagens"; depois, uma "guerra de declarações"; em seguida, uma "guerra de pensamentos"; e, finalmente, uma "guerra de atitudes". Simples assim.

A questão não é as circunstâncias que enfrentamos, mas, sim, o modo como olhamos para cada uma delas. Seria nosso olhar segundo o prisma da fé ou olhamos sob uma perspectiva de identidade marcada pela escravidão? Pensamos como filhos de Deus livres ou ainda pensamos como se fôssemos escravos do Egito? Precisamos de nos posicionar em fé e vivermos uma vida de vitória em Cristo. Estejamos certos de que toda autoridade foi dada a Jesus e temos livre acesso a ela. Todo principado e poderes do mal estão sujeitos a nós; toda circunstância está à mercê de nosso comando; não temos de lutar com nossas próprias forças, mas precisamos nos posicionar em fé, pois nossos inimigos já foram vencidos na cruz do Calvário. O que nos resta a fazer é permanecer em fé, crendo na vitória e obra consumada da cruz, resistindo todo ataque do maligno contra nossas vidas.

Liberte-se do pensamento de identidade escrava

Observar o pensamento desse povo segundo a visão bíblica é interessante. Ao visitarem a terra, eles fizeram um relatório intrigante. Veja o que é o pensamento pequeno e de identidade escrava. Diante da "imagem" da terra que o Senhor deu, diante das promessas maravilhosas de Deus quanto ao lugar que manaria leite e mel, os olhos dessa gente incrédula viram somente o povo que ali habitava, um povo que devora os seus moradores. Segundo o texto de Números, disseram: "... também vimos ali gigantes" e, novamente, por tais palavras, o problema do "foco" retoma.

Então, pergunto: onde está seu foco? Talvez você diga: "Pastor, já tem 25 anos que tenho este problema; já tentei de tudo para me livrar deste pecado; essa compulsão me domina, não consigo me livrar dela; este emprego que não supre a minha necessidade, será que vai ser sempre assim?" Isso tudo é incredulidade. Você se acostumou a ver, ouvir e dizer coisas em harmonia com um relatório negativo; tais coisas cercam você e, por fim, você acaba aceitando. Sabe qual é nosso problema básico? Nossa identidade: o fato é que temos uma identidade incrédula naquilo que Cristo fez por nós; uma identidade incrédula naquilo que somos no Senhor.

Pense sobre isso. Pense sobre sua posição diante desses fatos. Qual tem sido sua posição? Você tem sido escravo de uma identidade incrédula? Caso sua resposta seja sim, é tempo de se voltar ao Senhor e se arrepender de toda falta de fé. Deixe o Espírito Santo sondar o seu interior e apague de sua vida todo e qualquer resquício de incredulidade que, porventura, encontre um espaço em seu coração. Volte-se para a Palavra e se identifique com ela, fortaleça sua nova identidade através das promessas de Deus.

Capítulo 9

O MAL DA INCREDULIDADE

A incredulidade é, de fato, um grande problema para o crente. A Bíblia é categórica em afirmar que sem fé é impossível agradar a Deus. Temos de nos atentar ao fato de que Deus não premia a dúvida, a falta de fé e a incredulidade. Sejamos claros! Deus não dará prêmio para o incrédulo, fortalecendo sua prática nefasta. "Ah! Pastor, eu tenho tanta ferida, tanto problema, tanta dificuldade!" Você pode ter tudo isso, mas tem que tomar a decisão de crer. Você precisa crer que Deus irá reverter a situação e restaurará suas emoções. Você precisa crer que Deus vai mudar seu casamento, abrir portas de emprego, suprir as necessidades de sua célula e levantar uma liderança a partir de você. Você precisa crer que é alguém cheio de fibra, de visão, de fé, de alegria, do Espírito Santo e, portanto, alguém forte. Precisamos crer nessas coisas e caminhar nelas, ainda que não as estejamos enxergando, mas precisamos crer que todas virão à existência. Veja as bênçãos de Deus para sua vida com os olhos da fé!

"Ah! Pastor, não estou vendo nada não." Então, por favor, posso ser menos educado? Deus não conseguirá nada com atitudes frouxas. Você sabe qual é a única coisa que vence o poder Onipotente do Deus Todo Poderoso? A incredulidade! Exército nenhum pode ser formado por soldados frouxos. Não se ganha uma guerra com uma autoimagem de frouxo. Não se ganha uma guerra com uma identidade de fracote. Gente cheia de restrição, que não concorda com isso ou aquilo, sem ânimo, sem coragem, sem bravura. Alguém incrédulo não tem ânimo para avançar em direção nenhuma, porque ele é drenado; ele é penetrado pelas circunstâncias que o abatem, que o jogam para baixo, que o derrubam. O incrédulo é o coitado contaminado pelo medo, pela insegurança, pela timidez, porque aprendeu a caminhar na base de si próprio e, portanto, não crê e nunca conseguirá nada ou coisa alguma. A incredulidade é uma praga; uma desgraça tão grande que contamina e se alastra como um vírus sem cura!

Incredulidade:
uma questão de independência

A incredulidade paralisa, divide, faz o homem andar independentemente. O incrédulo é aquele que diz: "Pastor, é o seguinte, a igreja crê assim, mas eu creio assado". Ele vive pulando de galho em galho: vai para a Igreja Batista, "mas a Igreja Batista crê diferente"; vai para Igreja Presbiteriana, "eles são muito estranhos", vai para a Assembleia de Deus, "mas eu creio assado". Uma pessoa como essa, sempre enxerga o problema como algo que está no exterior de si mesmo e nunca enxerga o problema que está dentro dela. Depois de passar por meia dúzia de Igrejas, passa a enviar "torpedos" criticando outros irmãos, outras lideranças e a estrutura de onde saíram. Possuem com frequência um "belo argumento" e dizem: "eu conheço os bastidores daquela Igreja". Conhecem nada! Nem tiveram tempo de criarem raízes! Gente recalcada da "célula dos amargurados mal resolvidos do Facebook". Querido, que dia você vai parar de ser uma íngua? Quando você vai parar de ser uma encrenca? Já disseram a você o quanto você é chato? Digo isso para ser suave. Entretanto, Jesus tratava os religiosos, os incrédulos, com especial dureza!

Recentemente, numa conversa com um velho conhecido, ele me veio com a "pérola". Ele disse: "as pessoas devem dar seu dízimo aos pobres e necessitados. Pois, fazendo assim, estarão agradando a Deus realmente, e não aos homens!" Discretamente, eu disse a ele que aquilo podia ser bonitinho e politicamente correto, todavia, não era bíblico de modo algum. Na réplica da conversa, ele me disse que não somos Igreja, mas fazíamos "show gospel" com gente vazia. Então, diante dessas palavras, não me contive e disse com todas as letras: "rapaz você nunca parou em Igreja alguma, você é avarento com sua "grana", você nunca ganhou uma alma sequer e, agora, nos critica por enchermos um estádio com jovens que ganhamos, consolidamos e discipulamos? Você é um hipócrita! Você nunca tirou 10% do seu dinheiro para dar para os pobres. Se vivêssemos em tempos bíblicos chamaria você de fariseu". Depois disso, a conversa terminou!

Será que você ainda não percebeu que não irá encontrar a igreja perfeita, gloriosa, imaculada e cheia de inocentes resplandecentes? Então, a alternativa é entrar numas de juiz da Igreja, o que fará de você alguém intragável! Não há essa igreja perfeita! A grande questão não é essa, acorde! A questão é: você está ligado ao propósito profético de Deus para sua vida? Está no centro da vontade de Deus? Está na fé? É isso que vai ser o divisor de águas! Não temos a pretensão de achar que nosso modelo de Igreja é perfeito. NÃO É! Mas o incrédulo é independente, pois ele sempre vai querer resolver seus próprios problemas, sem ter aliança com nada! A questão do incrédulo é andar do jeito dele, no caminho em que o nariz dele apontar, do modo que a cabeça dura dele pensar, do jeitinho que ele escolher e desejar. Quando o incrédulo é arrogante, mal educado e prolixo, devemos fazer como Paulo: orarmos para que Deus nos livre de tais pessoas!

Não se esqueça de que a independência foi o principal e primeiro problema do homem em relação a Deus; ela não leva ninguém a lugar nenhum. O homem de Deus caminha em aliança, vinculado aos irmãos, vivendo a vida de Deus, fluindo no Espírito de Deus que age pelo amor.

OS GIGANTES:
UMA QUESTÃO DE PERSPECTIVA

Outra questão importante, está relacionada ao modo como o crente encara seus problemas. Lembre-se do que os 10 espias reportaram a Moisés e ao povo de Israel? "Vimos ali gigantes". Qual o tamanho do problema que você vê? Qual é seu problema? Crise de identidade? Você não sabe quem você é? Você ainda acha que é escravo? Você ainda acha que é prisioneiro? Você ainda tem uma autoestima lá no chão? Você ainda pensa que não possui nada, que não tem autoridade, que não tem posição e autoridade, que não tem unção? Você ainda tem medo de lutar em fé?

Vamos nos colocar no lugar dos israelitas para entendermos o problema que tinham. No Egito, eles eram escravos, portanto não tinham direito a armas. Eles não aprenderam e não sabiam lutar; eram despreparados para a guerra. Mas, agora, tinham um problema: os gigantes. Eles haviam recebido a promessa de uma terra, mas para chegar à ela deveriam vencer os gigantes que estavam em seu caminho. Mas como vencê-los se não sabiam como lutar? De igual modo, para alcançarmos as promessas de Deus para nós, precisamos vencer nosso gigante. Qual é seu gigante? Qual é o monstro que você enfrenta? Para muitos, seu gigante é uma conjuntura que foi se formando ao longo da vida; de repente, essa conjuntura torna-se uma situação complicadíssima e sem saída. Pronto, esse é o seu monstro. Diante dele você sente medo, insegurança e incapacidade. Então, tenha fé;

coloque sua confiança no Senhor e comece a gemer e a buscar de Deus uma transformação radical nisso. Mas pelo amor de Deus, entenda que você precisa de um posicionamento de fé!

Gafanhotos aos nossos olhos

A Bíblia diz acerca da geração de israelitas que saiu do Egito rumo à Canaã que todos os que olharam para si na base da velha identidade morreram secos no deserto. Eles morreram sem se apropriarem de nada, de nenhuma das bênçãos nem dos benefícios que Deus havia prometido. Eles, literalmente, secaram no deserto! A escolha é sua, você é quem decide se quer ou não secar no deserto. Tudo será uma questão de fé. Vamos dizer isso às claras: secar no deserto é uma escolha! A visão de Israel estava tão contaminada com sua identidade, que além de olharem o gigante e super dimensionarem o problema, eles se subestimaram diante do problema, e falaram: *"...éramos aos nossos próprios olhos como gafanhotos, e assim o éramos aos olhos dos inimigos"*.

Ao lermos o livro de Josué, podemos ver a Bíblia dizer que aquelas nações, os inimigos de Israel, estavam em extremo atemorizados, a ponto de desmaiarem o ânimo diante da força de Israel. Deixe-me falar uma coisa: "É assim que o diabo vê você". Vou falar em alto e bom som: diante de sua identidade de príncipe, o diabo desmaia de temor. Mas isso não o leva a entregar o ouro para você; ele não entrega os pontos mostrando o medo dele diante de você. Pelo contrário, ele vai tentar atemorizá-lo; ele vai criticá-lo, vai dizer que você não consegue, que você não pode, que você ainda é escravo; ele vai levar você a morrer pelas mãos do gigante, no problema, na dificuldade, na falta, na carência material ou emocional; ele vai revelar seus problemas de caráter ou sua falta de qualificação e, numa dessas, ele prende você. Mas a fé é o combustível de Deus que tem a capacidade para alterar e mudar isso.

Nosso problema se complica com o diagnóstico errado que sugere um prognóstico, também, errado. Assim, essa doença nunca sara. Tiramos o foco do Senhor e colocamos no problema. Nós tentamos tratar o problema, domesticar o problema e conviver com o problema. Ficamos tentando encontrar um caminho para uma cura interior jamais testada, tentando resolver nossas feridas antes de avançarmos no reino de Deus. Daí a gente passa pôr "n" experimentos tentando tratar das feridas do pai que abandonou ainda criança, da que mãe que foi destrutiva e alcoólatra. Ficamos remoendo as histórias de que o "fulano" nos usou e manipulou, da terrível carência familiar, das marcas da violência. Okay! Ótimo! Você me fez ficar com muita pena de você. Coitado! Realmente, é muito triste isso ter acontecido. Falo sério. Mas e daí? Infelizmente, é impossível voltar atrás. Todavia, o que você vai fazer de agora em diante? Sabe de uma coisa? Há muita gente nesse "mercado da dor". Elas ganham muito por causa dos consumidores da pena e da dó. Existe uma denominação enorme no Brasil que cresceu muito usando o lema: "Pare de Sofrer!" Neste lugar, o centro não é Cristo, e sim a dor. Pessoas com esse tipo de atitude, de vítima eterna, não querem cura. Elas sentem um prazer inconsciente de vítima. É tão gostoso que vira uma cocaína emocional. Só isso explica o motivo de não se levantarem nunca para se apropriarem dessa nova identidade numa atitude corajosa de fé.

Precisamos ser levados pela fé, caminhando em fé, ainda que tenhamos feridas, ainda que tenhamos que perdoar alguém, ainda que tenhamos que encarar problemas do passado. E daí? Quem está isento de passar por todos esses caminhos? Acredite, pelo amor de Deus, que seus problemas não fazem você especial. Você não é especial por ter vivido coisas mais doloridas que os demais seres humanos desse planeta. Você é especial porque é o alvo do enorme, descomunal, assombroso e inexplicável amor de Deus! Precisamos avançar ousadamente em fé e crer na obra consumada da cruz, senão nunca receberemos alta das "Campanhas de Descarrego".

Qual é a sua identidade? É a de um gafanhoto, escravo, incapaz, desqualificado, tímido, covarde, medroso? Ou é a de um homem que tem um cetro, que tem a unção, que tem a posição? Mesmo que nós entendamos isso intelectualmente, é preciso ter um posicionamento espiritual e prático. Sabe qual é o seu centro de forças? Sabe qual é o cerne de sua fé? A Palavra de Deus dita a seu respeito! Se você não se alimentar da Palavra e de uma constante comunhão com seus irmãos, daqui a pouco você estará todo abatido e abalado novamente. Esta é uma das razões de sermos uma igreja em células, porque na célula você pode ser encorajado; na célula há outros que vão lembrar você e dizer, repetidamente, que você é um homem de Deus, que você é mulher de Deus, que você é um profeta cheio da unção e da autoridade do Senhor. Levante sua cabeça e se posicione! Empregue sua língua, a partir de agora, para proclamar a Jesus e glorificá-lo. Chega de usar a língua para criticar, lamuriar-se e se lamber.

CRENTES QUE NÃO CREEM

Infelizmente, a igreja está cheia de crente que não crê. Sou pastor há muitos anos e constatei que há um número grande de pessoas que querem apenas alívio. Pessoas que gostam de religião, palavras estimulantes e inteligentes, amam o convívio e as canções e querem ir para o céu. Gente salva e resignada! Gente brilhante, maravilhosa, com potencial elevadíssimo, mas que se acomodaram numa letargia deprimente. Conheço uma moça, inteligente, bonita, uma excelente profissional liberal, mas jamais se casou por causa da incredulidade. Ela sempre dizia: "Ah! Pastor, nunca ninguém vai gostar de mim, nunca ninguém vai se interessar por mim, nunca ninguém vai me querer!" O jeito de arrumar os cabelos, as roupas, sapatos e a postura dela a denunciavam. Quem anda na base da incredulidade morre seco no deserto! Quem anda nesta base, não entra na posse da promessa de Deus para seu conforto ou para seu bem estar. Por causa da incredulidade, muitos não realizam nada na vida. Uma casa? "Não tenho nem emprego para comprar uma casa, como vou pensar em adquirir uma?" Morre seco no deserto, porque é incrédulo. "Ah! Não vejo nenhuma oportunidade de arrumar um emprego melhor". Morre seco no deserto quem é incrédulo. "Ah! Minha célula não dá certo, porque a rua é ruim, o líder em treinamento não vale de nada, e o anfitrião é terrível, não tem ninguém maduro aqui". Morre seco no deserto quem anda na base da incredulidade! "As minhas dívidas só aumentam". "Acho que vou ter um câncer! Vou morrer! Vou dar um troço!" Morre seco no deserto quem anda na base da incredulidade maligna! Isso é maligno e mais maligno ainda é sermos duríssimos com alguns tipos de pecado, e altamente tolerantes com o incrédulo. A incredulidade é o maior de todos os pecados! Você me pergunta: "e a blasfêmia contra o Espírito Santo, não seria o maior pecado?" Sim, mas esse pecado de blasfêmia é, justamente, despertado pela incredulidade. É a incredulidade que poderia levar alguém a cometer tal pecado de blasfêmia.

Deixe-me lhe perguntar algo: qual é a sua identidade? Você ainda age como escravo no Egito? "Eu não tenho nada, nunca vou ter nada, nunca vou conseguir nada, nunca vou alcançar nada". E os problemas familiares? "nunca haverá solução, já desisti". Morre seco no deserto quem anda nesta base! É bom ressaltarmos que a primeira parte das promessas de Deus diz respeito ao seu bem estar, seu suprimento e realização. Diz respeito à sua alegria, mas a segunda parte fala da igreja, da obra, do avançar, do reino e, novamente, a base da identidade está em jogo.

Nossa identidade deve ser construída e constituída de fé, portanto, quero estar rodeado de gente de fé, da secretária ao tesoureiro, quero gente de fé ao meu redor. Desejo ver pastores de fé, líderes de fé. Precisamos ser movidos pela fé, pois somos justos em Cristo, e o justo, viverá pela fé!

Príncipes escravizados

Lembrem-se daquilo que contei sobre o ano de 1987 em minha vida? Eu não tinha emprego nem possibilidade de arranjar um. Não tinha noiva, não tinha apartamento, não possuía coisa alguma. Já tinha feito tudo como solteiro e desejava me casar. No final de 1986 para o início de 1987, eu disse para Deus que estava tomando posse daquilo que era meu, em nome de Jesus! Tomei posse de um bom emprego, da condição para pagar um bom apartamento e de meu casamento. No final daquele ano, eu tinha um excelente emprego, um apartamento e uma noiva. A fé dá materialidade àquilo que já é realidade no mundo espiritual. Tudo é uma questão de fé! Do que você precisa hoje? Deus tem!

Quando Deus se revela a Moisés, Ele adota para si mesmo o nome: "EU SOU". Na revelação, Ele ordena a Moisés que sempre se referisse a Ele como o "EU SOU". "Como assim?" perguntou Moisés a Deus. "Vou falar que 'Tu és o que Tu és' que me enviou a eles?" Sim, Moisés, diga que: "o EU SOU QUE SOU" me enviou a vós. Assim, Moisés dizia: "Eu Sou o Que Sou" me enviou a vocês! O quê? "Eu sou o que sou?" Sim! Mas, o que Ele é mesmo? O que significa dizer que Deus é o que Ele é? Ele é o que é, pois Ele é tudo que precisamos. Entendeu o que Deus é para você? Ele é o que você precisa. Em outras palavras, Deus nos disse que seu nome é: "Eu Sou o que você precisa".

"EU SOU" o que meu povo precisa que Eu seja. Oh, maravilha! O que você está precisando que Deus seja para você? Uma nova posição? Uma nova medida? Libertação? Cura? Vitória? Queridos, posicionem-se como guerreiros! Há coisas que já estão dentro de você e que devem ser manifestas; devem ser postas para fora. Há almas que estão "dentro de você" e que em algum momento serão alcançadas, vão ser salvas! Quando falo dentro de você, estou dizendo que Deus vai usar aquilo que já existe dentro de você, posto pelo Espírito Santo. Já há em você as iniciativas de que precisará ter; existem obras que você vai começar. Estão aí dentro, não se manifestaram ainda. Há igrejas plantadas dentro de você, há obras de misericórdia plantadas dentro de você, há iniciativas dentro de você, há livros escritos dentro de você, há iniciativas missionárias dentro de você, há escolas bíblicas que serão estabelecidas por você, que estão aí dentro. Deixa vir para fora! Tenha fé, pois você não é gafanhoto, pelo contrário, você é um príncipe de Deus!

Quem você é? Que tipo de gente você é? Você se auto preserva na base de um EGO caído? Você é um Saul ou Davi? É escravo ou príncipe? Olha só os extremos absolutos aqui, a Bíblia diz: "...escolhei doze príncipes". Mandaram príncipes para espiar a terra. Uma parte da turma, ao virem os gigantes, se enxergaram como gafanhotos, como escravos. Essas pessoas eram príncipes, mas andavam como escravos, se viam como escravos, reagiam como escravos e falavam como escravos. Todavia, de fato, eram príncipes, pois haviam sido estabelecidos por Deus. Eles eram, mas não creram naquilo que já eram! A Bíblia afirma que somos reis e sacerdotes. Somos livres e remidos pelo sangue do Cordeiro. Portanto, pare de andar como um coitado, um zero à esquerda, um João Ninguém, um miserável marginal desta vida. Posicione-se em fé e viva como um príncipe. Não seja do tipo príncipe escravizado, mas seja príncipe real, daqueles que andam na humilde dignidade, como conhecedor de sua real posição. Você tem o cetro de autoridade em suas mãos e pode usá-lo apropriadamente. Levante-se e tome posse da posição real que você tem em Deus.

QUE CREIAIS

Certa ocasião, os discípulos perguntaram a Jesus o que deveriam fazer para realizar "as obras" de Deus. Vejamos que a palavra "obras" está no plural, ou seja, são muitas obras. Jesus ao dar-lhes resposta, não respondeu no plural, mas no singular, Ele disse: "A obra de Deus é esta, que creias". Que creiais! Então, creia na célula, creia por líderes, creia por almas salvas, creia por multiplicação, creia por presença de Deus, creia por milagres no nosso meio, creia por curas, creia por ação soberana de Deus, creia por um coração compungido e contrito, creia por um louvor cheio de presença do Senhor, creia por um avivamento, creia por uma visitação, creia pela solução dos problemas e declare: "cri, e por isso confessei". Creia!

Meu cunhado estava à beira da morte. Moço jovem, forte, vinte e oito anos, um rapaz atlético, não fumava, nem bebia. Um jovem muito cheio de vida e saudável. De repente, começou a ter uns sintomas parecidos com labirintite; se desequilibrava e caía ao chão. Os sintomas se agravaram muito a ponto de meu cunhado ter que parar de trabalhar. Depois de muita luta com médicos e diagnósticos desencontrados descobriu-se que havia uma passagem no cérebro que estava entupida. Esse entupimento impedia os fluidos cerebrais de escoar no organismo. Aquilo fazia pressão dentro do seu crânio causando todo aquele transtorno. Era terrível! Por isso, as cirurgias começaram. Uma cirurgia após a outra sempre trazia uma sentença de fracasso. Os médicos colocaram um duto em sua cabeça e, depois, o duto que foi colocado entupiu; então, colocaram outro, mas o corpo rejeitou o material. No final das contas, ele passou por cinco cirurgias em pouquíssimo tempo. Já não se levantava da cama; nem tinha forças para levantar o braço. Nesse momento, eu estava em Portugal. Devido a gravidade da situação, minha irmã estava desesperada, todavia, ela se posicionou em Deus, dizendo: "Não entrego meu marido à morte, não aceito!" Ela começou a marchar em fé, se posicionou, recebeu isto de Deus e, depois, que se posicionou em fé, simplesmente, o problema desapareceu. Todas as rejeições acabaram e ele se fortaleceu. Depois daquela atitude de fé, meu cunhado não fez mais nenhuma outra cirurgia e, hoje, depois de muitos anos, vive uma vida normal.

Você já se posicionou em fé por algo? Talvez, você me diga: "Ah! Eu até me posiciono, mas logo aborto minha posição em fé, pois não consigo sustentar isso por quinze dias. Acabo abortando com incredulidade aquilo que concebi na fé. Logo me desanimo e começo a reclamar e a murmurar; faço exatamente como a nação de Israel". Entendo isso, perfeitamente, meu irmão ou minha irmã. Se você se sente fragilizado ou fragilizada jejue ou venha jejuar conosco. Venha orar conosco, desafie sua célula a orar com você. Façam isso juntos! Fale aos irmãos: "estou meio fragilizado, mas quero me fortalecer em fé". Fortaleça-se em fé, pois a unção do Espírito Santo está sobre sua vida; a unção para governar e para reinar em autoridade e em poder. Lembre-se de que Jesus conquistou toda a autoridade no céu e na terra; autoridade para comandar, para determinar, para executar nas regiões celestiais e, depois disso, toda essa autoridade foi dada a nós. Então, se temos tal autoridade, vamos usá-la; use sua autoridade em Cristo, precioso santo de Deus! Use esta posição! Ela é sua! Tenha fé e, pelo amor de Deus, posicione-se!

Creia pelas mesmas coisas

Devemos ser um povo que crê junto pelas mesmas coisas, pois isso fortalece, de maneira exponencial, os efeitos da oração e multiplica a autoridade no mundo espiritual. Você está disposto a crer, junto com outros irmãos e irmãs, pelas mesmas coisas? Há igrejas a serem plantadas em todo mundo; há creches para órfãos de guerra a serem estabelecidas em diversos lugares neste planeta; há diversas bases internacionais para treinamento de missionários a serem estabelecidas em cada continente e, tudo isso, está dentro de nós, basta vir à tona! Tudo isso está em Deus e virá à tona, se materializará pela ação da fé da Igreja! Creia e se posicione em favor de uma geração de líderes em aliança e estável, que expressa o caráter de Cristo, que é cheia do Espírito Santo nesta igreja. Os seus olhos testemunharão aquilo que Deus irá fazer! Decida, escolha isto, e não volte mais atrás! Abandone qualquer sintoma de incredulidade e da velha identidade escravizada. Espero que você pare de andar por vista, e não mais dimensione o problema como se fosse um gigante. Espero que este livro esteja auxiliando você a se levantar em fé como filho de Deus. Eiah! Subamos contra eles, porque haveremos de devorá-los como quem devora pão; Eiah! Subamos, porque Deus está conosco!

Revogue as palavras negativas de derrota que você tem às vezes proferido; aja em fé! Creiamos que Deus opera, creiamos que Deus é fiel, que Ele vai firmar o que Ele prometeu e realizará o que disse que vai realizar. Isso não é pensamento positivo, é um posicionamento de fé. Sua situação quando você não se posiciona em fé diante dessas verdades fica mais grave!

Tome muito cuidado com sua posição, pois uma vez esclarecido a respeito de um assunto sem dar a resposta que Deus espera de você, o Espírito Santo se entristece pela sua apatia, porque seria o mesmo que você dissesse: "Eu não acredito no Senhor; acho que Ele é incompetente para resolver minhas questões; acho que Deus é incapaz para operar uma mudança em meu caráter; penso que resolução dos meus problemas é muito alta para o Senhor! Acho que o Senhor é um Deus fraco, e por isso continuo na minha incredulidade". Isso é gravíssimo, saiba que não posso crer por você. A decisão de se posicionar em relação aos seus gigantes pessoais é totalmente e unicamente sua. Então, querido crente, creia!

Não é possível ter uma liderança frutífera sem esse tipo de fé que toma posse das promessas e declara a Palavra. Um líder sempre será desafiado por problemas e dificuldades, mas a sua forma de ver esses gigantes e a forma que você vê a si mesmo, mostrará qual tipo de resultado colherá. Não é possível estabelecer uma célula forte com um líder medroso. Não é possível plantar igrejas grandes com líderes que se veem como gafanhotos. Portanto, se levante hoje, com uma identidade baseada na Palavra e nas promessas de Deus. Você foi chamado para avançar, você foi chamado para liderar e ser frutífero, você foi chamado para crer.

Capítulo 10

A INCREDULIDADE E SUAS QUESTÕES

Por que a Bíblia diz que a incredulidade é tão grave? Porque a incredulidade nos afasta do Deus vivo. Não é Deus que se afasta de nós, somos nós quem nos afastamos dEle. Quando permitimos que a incredulidade flua em nosso coração, não podemos pôr a culpa no acaso, antes, devemos assumir a responsabilidade de nossa permissão. Somos nós que permitimos a incredulidade entrar e assumir o controle, e quando fazemos isso, seremos conduzidos de um lado para o outro, velejando sem direção. Se não tomarmos as rédeas de nossa vida, nossa casa, nosso casamento e nossos projetos em fé, ninguém além da incredulidade nos dará direções. Sendo assim, se não assumirmos o controle do chamado de Deus para nós, das visões de Deus, das aspirações que o Espírito Santo pôs em nosso coração, não teremos o apoio da fé para avançarmos. Não podemos ser infantis pensando que uma outra pessoa cuidará disso para nós. Precisamos assumir o controle e avançar.

Permissão à incredulidade

A incredulidade é algo que brota em nosso coração quando decidimos permiti-la brotar. Portanto, incredulidade é um ato da vontade, é uma escolha. Sendo assim, crer na Palavra de Deus ou não será sempre uma opção, sua opção. Em nenhum momento de nossa existência chegaremos a ponto de não precisarmos mais escolher crer em Deus, pois até mesmo quando oramos, precisamos escolhê-lo. Ele é o galardoador daqueles que o amam e o buscam. Ele é galardoador da fé.

Quando olhamos para qualquer princípio da Palavra de Deus, precisamos crer que, de fato, é uma verdade para nós. Por exemplo: quando oramos por perdão, precisamos crer que através de Jesus fomos perdoados. Precisamos crer e nos entregar nas mãos de Deus, pois é isso que Ele espera de nós. Precisamos vencer toda e qualquer tentativa do diabo de semear em nós a incredulidade que nos afasta de Deus e de suas verdades sobre nossas vidas. É mais do que crer que Deus ouviu. Trata-se de crer que Deus atendeu! Faça conhecido diante dele a sua petição e creia que "assim já é!"

Como filhos de Deus, precisamos saber o quanto a incredulidade é grave. Quando cremos em Deus, estamos dizendo: "Tudo o que Deus falou e fez é a verdade! Ele é Onipotente e cumpre o que promete. Ele é Soberano, de fato, Deus é o Senhor". Todavia, quando decidimos não crer, mesmo que seja inconsciente, estamos dizendo a Deus, não em palavras, mas em atitude: "O Senhor é um mentiroso, um incompetente! O Senhor não é Deus de verdade. O Senhor é um Deus com "d" minúsculo, um fraco, um falso, um Deus fajuto". Sei que essas são palavras fortes, e alguém pense ser impossível falá-las contra Deus, entretanto, essa é a mais pura declaração de nosso coração quando somos incrédulos. Mesmo sendo palavras ocultas em nosso coração e em nossas atitudes, a incredulidade agride o Senhor em sua Majestade, Domínio e Soberania. Isso é muito grave.

Não podemos crescer em nossa liderança se não cremos no Deus Todo-Poderoso. Uma liderança forte, frutífera e consistente é uma liderança movida por fé, cheia de fé e que caminha pela fé. Quando não temos fé os obstáculos se tornam intransponíveis. Quando não temos fé, os desafios e as dificuldades serão impossíveis de vencer. E como ter uma liderança que não vence obstáculos? Como ter uma liderança que não enfrenta e vence as dificuldades? Impossível! Por isso, uma liderança movida por fé e pela Palavra, é vital para que possamos cumprir o propósito de Deus para nós e para nossos discípulos. Qual tipo de líder é você? Aquele que encoraja ou aquele que desanima seus liderados? Aquele que traz fé ou aquele que produz dúvida, medo e incredulidade?

A INCREDULIDADE E SUAS COMPANHIAS

Não podemos nos esquecer de que a incredulidade tem suas companhias. Ela possui alguns sinônimos. Um dos sinônimos da incredulidade é a ansiedade. Poderíamos dizer que a ansiedade é incredulidade fantasiada de "carnaval". A ansiedade diz, em outras palavras: "Deus não é suficiente para mim; Deus não é competente; Deus não é poderoso; meus problemas somente poderão ser resolvidos se eu mesmo cuidar deles". Quando permitimos que a ansiedade tome conta de nosso coração, a fé já foi comprometida. Será que dormimos bem a noite ou, às vezes, perdemos o sono quando estamos debaixo de muita pressão? Se temos perdido o sono por causa de nossas pressões, isso significa que temos estado ansiosos, temos sido incrédulos.

Normalmente, os ansiosos desejam ter tudo sobre controle, não aceitam que nada saia de suas mãos. E quando isso acontece, se sentem perdidos, rumo à destruição. Para tudo desejam uma resposta e uma saída imediata. Querem mudar todas as coisas; querem mudar o marido, a esposa, a mãe, a sogra, a casa, pois precisam resolver cada problema do dia para noite. Os ansiosos se esquecem, muitas vezes, de que não poderão fazer nada em relação a determinadas situações. Se esquecem de que Deus tem cuidado de nós, e sua ajuda e cuidado vão além daquilo que podemos imaginar. Como filhos de Deus, precisamos, muitas vezes, entender o que está escrito: "Aquietai-vos e sabei que Eu sou Deus".

Não podemos nos comportar como o mundo, pois a ansiedade é uma tendência do mundo, e não do reino de Deus. É o mundo que se preocupa com todas as coisas, pois não conhecem o Pai nem seu cuidado intenso e diário. Não sabem que Deus é poderoso para guiar cada detalhe do nosso futuro e cada segundo do nosso presente. Ele nos dá paz e tranquilidade. Ele faz com que nosso sono seja sereno e prazeroso. Sendo assim, precisamos nos livrar daquilo que vai além de nossas forças, aquilo que não conseguimos resolver. Livramo-nos da ansiedade, antes que ela nos contamine.

Outra manifestação da incredulidade é o medo. Não estou falando do medo em geral, mas o medo que envolve as questões espirituais. Aquele que acomete as pessoas de pensamentos de derrota, levando-as a acreditarem que não conseguirão responder a Deus ou às questões do cumprimento das promessas de Deus em nossas vidas. Medo de que a sua saúde pode ser atacada, medo de que sua empresa possa falir, medo de que sua célula não avance, enfim, medo é sinônimo de incredulidade. Quando somos movido por fé, sabemos que Deus está no controle de tudo e que Ele garantirá o crescimento e a frutificação em tudo o que temos feito.

Outra face da incredulidade se manifesta através da insegurança. A insegurança é um pouco diferente do medo. Ela está ligada à uma expressão interior que declara: "Eu não consigo fazer o que Deus falou que posso. Sinto que não sou hábil para conquistar aquilo que Deus disse que posso conquistar. Sinto que não sou adequado para a posição ou a função que Deus me chamou, na célula, em casa, na família, no casamento". Esses tipos de pensamentos nos fazem parar e retroceder nos projetos de Deus. E dessa forma, manifestamos nossa incredulidade, não crendo naquilo que Deus pode fazer através de nossas vidas. A insegurança, em outras palavras, é declarar que Deus é limitado em seu poder, e não poderá fazer, através de nós, as proezas que sempre fez através dos homens. Será que nesses dias temos tido a insegurança quanto aos propósitos e promessas para nossas vidas?

Entretanto, não são apenas a ansiedade, o medo e a insegurança que nos mostram um caráter incrédulo diante de Deus, temos, também, a timidez. Mas, por que a timidez é uma face da incredulidade? Porque os tímidos, na verdade, estão contando somente consigo mesmos. Ele pensa da seguinte maneira: "Como tenho que ir na minha força e através de minha força, não vai dar certo, então, não irei"

Quantas pessoas estão "morrendo de vergonha" de fazer isso ou aquilo? Quantas pessoas não tem tido a coragem para compartilharem um testemunho na célula ou com o microfone em suas mãos? Quantos estão pensando o tempo todo no que as pessoas irão pensar deles? Quantos estão ficando vermelhos, roxos quando precisam compartilhar algo na célula? Quantos ficam com os beiços brancos, tremem, suam, gaguejam, ao pedido de fazer uma oração na presença de outras pessoas? Infelizmente, são muitos os irmãos que manifestam a timidez. Essa atitude é nada mais nada menos que dizer: "Estou confiando em mim mesmo, eu conto comigo mesmo, eu vou na minha capacidade de tocar nas pessoas ou de impressionar as pessoas e, como eu sinto que não sou capaz disso, então, não vou, pois não quero passar vergonha". O tímido não faz nada, não avança, não assume posições, não toma coragem diante das situações. O tímido não lidera, não influencia, na verdade está sempre seguindo a maioria, pois não tem coragem de se posicionar. Querido leitor, timidez é uma das manifestações da incredulidade, portanto, decida hoje romper essa barreira e ser movido por fé em sua vida diária.

Capítulo 11

A FÉ E SUAS DEFICIÊNCIAS

Há alguns anos, ao ler a primeira carta de Paulo aos Tessalonicenses, tive uma percepção clara no texto: "o seu centro de forças é sua fé". Mas veja bem, se nosso centro de forças estiver desarmado, nossa vida espiritual, simplesmente, não funcionará. Podemos usar a alegoria de um trem correndo sobre seus trilhos. Nessa alegoria, nós somos o trem, os trilhos são os rumos de Deus para nossa vida e o alvo aonde queremos chegar torna-se nosso chamado, ou seja, o propósito profético de Deus para nós. Mas, o que nos leva avante? O que leva este trem, que somos nós, a funcionar? O que impulsiona o trem? É justamente nossa fé que permite o poder de Deus fluir em nós, fazendo o "trem andar". A fé é esse centro de forças que faz o trem bala mover nos trilhos do propósito de Deus, alcançando o alvo estabelecido pelo Pai. As usinas Hidroelétricas produzem um extraordinário poder. Uma potência de milhares Watts, mas é em uma subestação que aquele poder fabuloso é canalizado e distribuído. Se desarmamos a subestação, isto é, o "Centro de Forças" o potencial de energia, simplesmente, não é liberado. O diabo sabe de tudo isso muito bem, por essa razão, ele trabalha contra nosso centro de forças procurando desarmar nossa fé. Precisamos compreender e estar certos de que as promessas postas na Palavra permanecem fiéis e reais, bastando a fé para ativá-las e trazê-las à realidade.

A IMPORTÂNCIA DA FÉ

I Tessalonicenses 3:9-10 Pois que ações de graças podemos tributar a Deus no tocante a vós outros, por toda a alegria com que nos regozijamos por *vossa causa, diante do nosso Deus, orando noite e dia, com máximo empenho, para vos ver pessoalmente e **reparar as deficiências da vossa fé**?*

Olha só o que Paulo está fazendo aqui! O encargo de Paulo é tamanho que o leva a investir piedosamente na vida daqueles irmãos. Ele afirma que orava "noite e dia". Veja bem, será que Paulo disse "noite e dia" como uma força de expressão ou ele realmente fazia o que disse fazer? Caso o "noite e dia" fosse somente uma forma de expressão, poderíamos concordar que Paulo era um mentiroso, não? Todavia ele mostrou ao povo que todos os dias, independente do que lhe acontecesse, ele, o apóstolo Paulo, orava noite e dia por aqueles irmãos. Como se não bastasse, Paulo acrescenta: "com o máximo empenho". Veja que grande encargo o apóstolo Paulo disponibilizou em função da fé daqueles irmãos! E, ainda, disse: "eu quero ver vocês pessoalmente para **reparar as deficiências da vossa fé**".

Bem, eis uma frase crucial de Paulo: "reparar as deficiências da vossa fé". Epa! Então, isso significa que a fé pode ter deficiência? Sim. Se não chegamos ao ponto de recebermos os milagres de Deus, não duvide de Deus; duvide de você! Não duvide da Palavra nem duvide do Senhor, pois Ele é fiel e não muda.

O que mudou ou entrou numa crise foi a sua fé. Isso aconteceu por causa de deficiências que precisam ser reparadas em sua vida. Se observarmos bem esse verso 10, Paulo mostra que existem deficiências da fé, mas afirma, também, que é possível repará-la. Então, isso quer dizer que nossa fé pode ganhar plena força, pleno poder e plena ação.

Por que a fé pode ter deficiências?

Se o diabo pode usar de alguns trunfos, ele vai desarmar nossa fé. Uma vez que Satanás consegue desarticular a fé, nossa vida cristã não avança, nosso casamento não melhora, não somos transformados como devíamos, não conquistamos financeiramente aquilo que Deus tem para nós, não avançamos no ministério como poderíamos, não vemos o fruto de almas sendo salvas, nem geramos filhos e filhas espirituais, nem levantamos discípulos caso o nosso centro de forças, ou seja, nossa fé for deficiente.

O diabo sempre irá tentar desarmar nossa fé, ele sabe que isso é crucial para derrotar um crente, pois sem fé, simplesmente, nada irá funcionar na vida cristã. Para começar, sem fé é impossível agradar a Deus. Desagradando o Senhor, o homem não consegue estar no esconderijo do Altíssimo e, portanto, torna-se vulnerável aos ataques do inimigo e pode ser facilmente vencido. Por essa razão, é constante e intenso o ataque à nossa fé, pois, uma vez abalada, o inimigo ganha imensa vantagem sobre nós. Não se esqueça de que nossa grande e fiel batalha, é o combate da fé!

O reparo das deficiências da fé

Mas há uma notícia boa: as deficiências podem ser reparadas. O centro de nossas forças pode ser ativado. E quando esse centro de forças é ativado, os milagres acontecem! A Bíblia nos diz que "você vai poder dizer para esta montanha, arranca-te daqui e lança-te no mar". Veja que Jesus mostra a figura de algo impossível como contra peso à fé. Funciona mais ou menos assim: o Deus Onipotente faz o impossível acontecer e, de nossa parte, ele pede somente uma fé do tamanho de grãos de mostarda!

Deus tem nos guiado a crer nEle de tal maneira que vamos mover as montanhas, mas entenda que cada montanha que você tem o desejo de mover, é na verdade, algo que Deus colocou em seu coração. Não foi de você que essa vontade começou. Foi Deus quem produziu em você o querer! A Bíblia afirma em Filipenses 2:13 que é o Senhor quem realiza em nós o querer. Preste atenção! Deus está usando você como canal para materialização das coisas que já são realidades no mundo espiritual. Deus coloca em nós o desejo do coração dEle para que possamos trazer tais desejos à realidade material.

Então, você está com o desejo de ver alguém salvo? Você está com uma fome em Deus por algo novo? Por um nível mais profundo no Senhor? Você está com um desejo intenso de multiplicar sua célula, pois você está incomodado com o não crescimento dela? Você está incomodado por não dar fruto em determinada área? Esteja atento, pois isso, certamente, é o próprio Senhor produzindo seu querer em você. Não fique pensando que seus alvos são frutos de você mesmo; não fique pensando que é você quem os escreve num papel ou na lista de alvos a serem alcançados. Se seu coração ama a Deus, se você tem orado para realizar Sua santa vontade, se sua busca é por coisas celestiais, e não meramente terrenas, é o próprio Espírito Santo que está ativando em seu coração a percepção de Sua santíssima vontade. É Deus quem está por trás de tudo isso; é o Altíssimo quem está escrevendo o alvo através de você, por isso, Ele vai produzir uma certeza dentro do seu coração; Ele vai gerar uma fé que é esta certeza.

AGRADAR AO SENHOR: UMA QUESTÃO DE ESCOLHA

A Bíblia diz: "De fato, sem fé é impossível agradar a Deus". Então, isto tem a ver comigo e com você. Se a fé agrada a Deus, ela tem a ver com escolhas e decisões. Portanto, crer é um ato da sua vontade. Você decide crer. Simples assim. Escolhemos agradar a Deus quando agimos em fé e o desagradamos sendo incrédulos. A responsabilidade é de cada um. Em Hebreus 11:3, a Bíblia diz: "Pela fé, entendemos que foi o universo formado pela Palavra de Deus, de maneira que o visível veio a existir a partir das coisas que não se veem".

Já tive muitas experiências nesta área: era um menino de 13 anos, e de tempos em tempos, vinha algo profético ao meu coração quanto ao ter uma fazenda ou um sítio próximo de uma grande cidade para ser transformada em um centro de treinamento de obreiros, pastores, missionários ... de tudo. Tempos depois, Deus nos deu um em Mairiporã, São Paulo. Aquele acampamento é um local onde a cada fim de semana centenas de pessoas são salvas o ano inteiro! Incrível que estas coisas estavam em meu coração há muitos anos, há vinte e poucos anos atrás e, quando chego naquele lugar, olho para o chão de quase 10 alqueires, sempre falo: "Deus, o Senhor nos deu isto!" Não sei de onde veio o dinheiro, só sei que não saiu do meu bolso, porque não o tenho; mas eu sei que foi o Senhor quem nos deu aquele lugar. Daí você pode até perguntar: mas como pode algo acontecer assim? Onde estava este sítio? No invisível! Este sítio já era fato, fato no coração de Deus; mas fato no coração de Deus precisa ganhar matéria palpável diante de nós. Lembre-se de que o reino dos céus rege a terra? Não se esqueça de que o reino do Espírito com a nossa fé rege o mundo material.

Entretanto, caso sua fé tenha deficiência, você não será capaz de alterar as circunstâncias; você não será capaz de governar pelo espírito fazendo transformações acontecerem ao seu redor. Não haverá esse reger da história, das gerações, do seu próprio caminho de vida; caso a fé seja deficiente, não haverá a materialização dos fatos que estão no coração de Deus. A fé deficiente olha somente a gravidade das questões e suas limitações e impossibilidades. A falta de fé é a origem da tristeza, da melancolia e da depressão de muita gente boa. São pessoas que não conseguem ver as coisas com outros olhos para, a partir disso, manifestarem as mudanças.

Há um problema terrível que acontece na vida de muitos cristãos; eles estacionam! Na escalada da fé, caminhamos sempre para avançarmos a níveis mais elevados. Subimos degraus e degraus, muitos param em determinados processos acreditando terem chegado ao seu limite de crescimento. A Bíblia diz que Deus nos leva "***de fé em fé***", e isso significa que não há limites para nosso crescimento de fé. Deus, continuamente, nos provoca para buscarmos um degrau mais elevado, mas muitos estacionam e negam continuar a jornada.

Isso é terrível, estagnar na fé seria o mesmo que tentar limitar o Todo-Poderoso. Pense bem, será que sua fé chegou a um limite? Será que você tem cooperado com essa trágica constatação: limitar o Onipotente? Será que você tem sido um instrumento para impedir o Senhor de fazer o impossível em sua vida? Agrade ao Senhor dando crédito para sua Palavra; tome a Sua Palavra como um fato, sendo um crente, e não um "incredulente". Pare de dar crédito àquilo que o diabo diz ou àquilo que contraria a Deus; dê crédito na Palavra daquele quem fez, faz e pode fazer todas as coisas, inclusive o impossível.

A palavra de Deus mostra que Paulo tinha um encargo para reparar as deficiências da fé dos irmãos tessalonicenses. Mas, para tanto, foi preciso detectar quais eram, como também, a razão pela qual aquelas deficiências aconteciam.

Capítulo 12

A GÊNESE DAS DEFICIÊNCIAS DA FÉ

Uma vez que compreendemos a questão da deficiência de nossa fé, precisamos entender a gênese dessa deficiência. Então, gostaria de trazer essa análise tratando de diferentes tipos de fé para, desse modo, podemos enxergar melhor, pelos sintomas, as fraquezas dela.

Fé superficial
O que é algo superficial? É aquilo que não vai para profundidade, algo que não cria raízes, que se expõe

à superfície. Existem pessoas que têm uma fé frágil e deficiente justamente porque tendem à superficialidade. Alguém superficial na fé é, geralmente, superficial em tudo. Gente assim não alcança profundidade em nada. São superficiais nos relacionamentos, porque vivem sempre com um papo furado, sobrevivem à conversas fiadas; gente que não sabe conversar nada que realmente tenha sentido.

Você precisa *"coçar onde coça"*. Deve coçar no local em que a coceira coça. Pode parecer patético, talvez seja mesmo; mas essa é a melhor ilustração que consigo dar a você acerca do que muita gente faz. Gente superficial é o tipo de pessoa que nunca coça no lugar em que a coceira está, fica coçando as pernas enquanto a coceira está nas costas. Gente de fé superficial é, sem dúvida alguma, superficial nos investimentos em Deus. Não se aprofunda nem na oração, nem no jejum, nem na leitura da Palavra. Se contenta com o "orar" antes das refeições e nas reuniões de célula ou dos cultos; fica feliz com a leitura de alguns versículos diários ou com os sermões e estudos que ouve nas celebrações. Está mais que satisfeito com o jejum do cedo ao meio-dia. Gente assim nunca vai fundo em nada, porque é o tipo que gosta de pescar na praia. Quem pesca na praia não pega nada. Jesus disse: "façam-te ao largo". Para haver aquela pesca sobrenatural, foi preciso que os discípulos decidissem ir para o lugar profundo; se sua fé for superficial, ela nunca vai produzir realidade.

Nossa fé é a base para a vitória, para a frutificação e para obter de Deus suas promessas. É algo tão fundamental que, nos versos lidos acima, em Tessalonicences, Paulo se mostra extremamente preocupado com o estado da fé daqueles irmãos. Ele diz que está orando dia e noite com máximo empenho para estar com eles e reparar a deficiências de sua fé. Então, entendemos que a fé é algo, extremamente, importante e que pode ser comprometida e desligada por causa de suas deficiências. De fato, existem muitas consequências de uma fé deficiente.

Por que alguém é superficial? Porque vive na prática a experiência de ser uma semente à beira do caminho o tempo todo; não tem raiz e, por não ter raiz, é frágil, dependente o tempo todo da fé de outros; sem consistência e sem firmeza em nada. Como na parábola de Jesus, alguém que vive à beira do caminho endurecerá a terra do coração porque ouve todo tipo de opinião. Todo mundo que passa, dá um palpite; cada pessoa próxima se sente na liberdade de invadir seu espaço oferecendo uma solução. Então, você resolve fazer aquele desfile de ideologias, expondo aquela poluição de blá, blá, blá, porque, simplesmente, você nunca se apega a Jesus, nunca cria raiz em sua Palavra. A superficialidade é a irmã gêmea da confusão; confusão na mente e nas emoções. Uma pessoa confusa não consegue ter foco em nada; nunca caminha firme numa única direção; nunca constrói nada, pois qualquer outra opinião a desvia de seu rumo e daquilo que havia decidido fazer. Como costumo dizer, pessoas assim têm uma vontade tão volúvel que se compara à validade de um iogurte: 15 dias. Não obstante, é triste ver gente brilhante em sua inteligência ser enganado pelo diabo dessa forma, pois quanto mais ideologias poluindo a mente tanto menos efeito a Palavra de Deus terá. Deixe-me ser muito claro aqui: gente inteligente não é, necessariamente, gente espiritual. É apenas gente presa sob o controle do intelecto. Um dia você terá que fazer uma escolha, pois a cruz e sua mensagem são loucura, isto é, não faz sentido algum para o homem que se perde.

Problemas com a consciência

Outra deficiência mortal para sua fé é uma consciência maculada. É um grande trunfo para o inimigo submeter nossas vidas numa espiral negativa de culpa, acusação e condenação. Muitos cristãos levam a vida sem resolverem de vez essa questão da consciência. Simplesmente não sabem como lidar com aquele terrível mal estar interior causado pelo pecado ou por se sentirem inadequados, não aceitos nem amados por Deus. Se há algum pecado não tratado ou se não nos apropriamos do Sangue de Jesus para entrar confiadamente diante do Trono da Graça, seremos, penosamente, oprimidos por uma consciência que reivindica, dentro de nós, muitas coisas que não foram resolvidas. Não é possível ter fé alguma se nossa consciência nos acusa ou se, por tolice nossa, somos tão vulneráveis que aceitamos qualquer sugestão do diabo de que fizemos algo de errado em algum momento.

Há gente que precisa resolver questões relativas aos seus pecados, mas há, também, aqueles que têm uma "consciência fraca". Gente que mata uma barata e já sente culpa! Permita-me falar às claras, se você é tão fracote assim, saiba que o diabo fará de você gato e sapato manipulando essa sua consciência tola. A moça, se comprar um esmalte de unhas mais caro, já se sentirá culpada por não ter dado o dinheiro para alguma criança da África; se o rapaz tirar o sábado à tarde para jogar bola, já se sentirá culpado porque não estava orando! Ora, pelo amor de Deus, poupe-me de tanta infantilidade! Crentes assim sofrerão amargamente achando que ser espiritual é ser vulnerável nesse nível, mas não é! Sensibilidade ao Espírito Santo não é ser "um trouxa" nem marionete do diabo. Posicione-se em Deus definitivamente, sabendo que, naquela cruz, Cristo o fez diante de Deus como alguém que jamais cometeu pecados; Deus, o Pai, vê você EM CRISTO; a justiça imputada a você é a perfeita justiça de Cristo. Todos os pecados, de uma só vez, de uma vez por todas, uma única vez, foram totalmente eliminados no Calvário; isso é o que a Escritura diz em Hebreus. Jesus não "vai morrendo aos poucos", à medida que a sua vida avança e seus novos pecados vão aparecendo. Ele não derrama seu precioso sangue aos poucos, para ir limpando a sua sujeira. O que Ele fez, está feito! Por isso que Deus vê você em Cristo e o recebe hoje como alguém tão justo quanto Cristo! Somente por essa razão que devemos nos achegar confiadamente diante do trono da Graça pelo novo e vivo caminho que Ele nos abriu pelo seu Sangue! Resolva, portanto, de uma vez por todas, essa questão de culpa, de acusação e de condenação. Sem isso, sua fé não tem futuro algum, sua vida cristã não tem futuro algum. E isso não é por causa de Deus nem do diabo, mas, sim, por causa de você!

Um cristão natural, portanto carnal

Outra deficiência da fé tem a ver com uma visão natural das coisas. Deveríamos "reconhecer o Senhor em todos os nossos caminhos". Esta é a realidade da vida de um cristão de fé que anda no espírito. Entretanto, há muitos que, por enxergar apenas coisas naturais ao redor de si mesmos, abortam com incredulidade o que conceberam em fé. Nossas vidas não estão nas mãos do governo nem de uma inflação alta nem do mercado de trabalho em baixa. Ainda que isto sejam realidades naturais que nos cercam e que nos afetem eventualmente. E daí? Vivemos por fé, e nossas vidas estão nas mãos de Deus. Se você ora por algo, crendo que isso foi ouvido e atendido por Deus, permaneça firme. Lembre-se de que há uma "guerra de imagens" a fim de dissuadir você daquilo que é espiritual. Se você vem ao altar do Senhor concebendo algo pela fé, mas depois lê os jornais e acaba por dar mais ouvidos à realidade que o cerca, não espere receber algo de Deus. Daí dizermos que esse aprendizado em reparar as deficiências da fé é algo tão urgente.

A Escritura sagrada descreve o crente natural como alguém carnal, pois sua fé foi totalmente desligada. Não funciona. Alguém natural saiu do âmbito do sobrenatural para sucumbir à fatalidade da vida e dos acontecimentos. Alguém assim pode ter uma fé teórica, mas é incapaz de gerar em Deus algo superior à sua triste realidade. Por isso o diabo constrói "fortalezas na mente". São genuínas as fortalezas de vento, apenas imagens a prender o crente natural. Diante de Deus, portanto, permita que o Senhor faça de você um guerreiro da fé. Olhe para o alto e coloque os pensamentos firmemente em Cristo, o autor e consumador de sua fé santíssima!

Ignorância de quem você é

É uma lástima haver tantos cristãos ignorantes de sua identidade; da dignidade e da realeza de sua essência. É triste tanta gente presa às circunstâncias, jamais lançar mão se apropriando de sua real condição de filhos de Deus! Há algo extremamente prático aqui. Vou dar a você um exemplo. Sou uma pessoa que se comporta adequadamente na casa de estranhos e, mesmo na casa de amigos muito íntimos, não consigo ir à sua geladeira e cortar um pedaço de torta ou ir ao quarto do casal e deitar-me em sua cama ou usar seu banheiro privativo. Nunca, jamais seria capaz disso. Por quê? Porque sei muito bem quem sou. Sou somente AMIGO. Não sou filho! Você já entendeu onde quero chegar. Na mesma ilustração, eu posso dizer que, quando vou à casa dos meus pais, isso é totalmente diferente; ali como as sobras de comida da minha mãe, deito-me em sua cama, bebo no copo do meu pai. Meus filhos são ainda mais abusados! Como todos rapazes, eles até as minhas cuecas eles usam! Qual a diferença? São filhos!

Portanto, saber a nossa real identidade de filhos de Deus faz toda a diferença para uma fé viva e vencedora. Somos Filhos de Deus, gerados em Cristo. Isto é o que define sua identidade. A força disso é ignorada pela maioria dos crentes que conheço. Pouquíssimos têm revelação disso. Portanto eu digo a você com todas as letras: nos quatro Evangelhos, TUDO o que se aplica a Jesus, o Filho de Deus, aplica-se a você! Você pode curar enfermos, ressuscitar mortos, multiplicar pães, andar sobre as águas, expulsar demônios, acalmar tempestades e exercitar "toda autoridade de Filho de Deus". Jesus deixou de ser o "unigênito e tornou-se, primogênito" a fim de que tudo o que se aplicou a Ele possa aplicar-se a nós. É assim que todo o plano da Redenção funciona. Desconhecer isso é trágico para a nossa fé. Quem você é? Quem você pensa que é? Muitos dos milagres atribuídos a Jesus que descrevi acima tenho visto ser exercido por muitos crentes que conheço ou de quem tenho ouvido falar. Quero ouvir falar de você também!

Ignorância do que você pode fazer em Cristo.

Saber o que posso é consequência direta do saber quem sou! Desconhecer o que eu posso no Senhor vai travar minha vida. Por isso, há tantos crentes intelectuais. É mais fácil, com todo respeito a muitos teólogos, pois me considero um deles, incomoda-me encontrar crentes meramente intelectuais. Como Deus é um ser espiritual, sobrenatural, que nos convida a um relacionamento consigo, cabe aqui entender esse caso claro de inteligência básica: se Deus é Espírito, se toda a obra da Redenção é SOBREnatural, ou seja, acima do natural, metafísica, não podemos, portanto, reduzir Deus a uma "idéia", a um pensamento ou, apenas, a uma corrente filosófica. Ele não se encaixa em nada disso. Se alguém sincero deseja entender Deus e entra na questão pelo caminho intelectual, certamente, está em campo errado. Não encontrará Deus ali. Ele não cabe na mente por não ser uma ideia. Aí me vêm suas excelências transformando Deus num mero pensamento. Assim, alguns teólogos, estéreis e intelectuais, transformam Deus em objeto; num "caso de estudo", numa "peça" de anatomia. Dissecam Deus, definem Deus, descrevem Deus sem nunca fazer as suas obras, sem andar em seus caminhos e sem experimentar sua vida. Nunca se relacionaram com Ele por fazerem dele uma tese! Por isso, as "Igrejas teológicas" são as que tem os prédios vazios e estão em franca decadência na Europa e nos Estados Unidos; nelas ninguém se converte, pois o caso ali é mais de "adesão a uma ideia" do que aquela conversão espiritual propriamente dita. São monumentos ao passado com "templos de trezentos anos tombados pelo patrimônio histórico"... vazios! Ninguém mais ali conhece a Deus por experiência pessoal, particular e íntima.

Como é nossa realidade? Você conhece o que pode fazer estando em Cristo? Isso deve tornar-se uma expressão prática de uma fé fruto de amizade e de comunhão com Deus em seu espírito. Pois a promessa é que "maiores obras do que estas, fareis". Devemos, portanto, crer nisso e esperar que isso permeie o nosso dia a dia em casa, no trabalho e na vida da igreja. Sem isso, a minha fé fica deficiente e eu viverei um tipo de cristianismo achando que não posso nada. Mas a Bíblia diz exatamente o contrário disso: "Posso todas as coisas naquele que me fortalece". Sem esse conhecimento e EXPERIÊNCIA práticos, viveremos uma autêntica vida esquizofrênica do ponto de vista espiritual. A Bíblia diz que sim, mas minha rotina diz que não. Viva portanto nesse elevado nível de fé que cresce de "fé em fé" para andar como Ele andou, viver como viveu e fazer as obras que Ele fez.

Ignorância do que você tem em Cristo

A terceira e perigosa ignorância a comprometer e desativar a sua fé é a ignorância do que você possui por direito em Cristo. Precisamos saber e ter revelação de que tudo o que se aplica a Cristo Jesus está destinado a ser REALIDADE PARA NOSSAS VIDAS. O que é dele é meu! Tudo o que Ele possui e conquistou pertence por direito legal a mim e a você. Por isso, a Bíblia afirma que Ele é o Primogênito entre muitos irmãos. Tudo é vosso, e vós de Cristo, e Cristo de Deus; diz a Escritura. Saber e se apropriar dessas coisas vai liberar uma fé poderosa; ignorar isso, ao contrário, trará uma vida cristã que não funciona. Portanto, você possui toda vitória, todos os recursos, todo o favor, toda a unção necessários para cumprir o Propósito de Deus em sua existência. Deus não é incoerente.

Houve um grande despertamento nas questões da fé e dos milagres trazidos por homens santos como Kenneth E. Hagin, Smith Wiglesworth entre outros. Essa corrente de ensino acerca da fé abençoou poderosamente a Igreja. Infelizmente, gente muito tola transformou esse ensino espiritual e verdadeiro em um lastimável desequilíbrio conhecido como "Teologia da Prosperidade", segundo o qual retiram Cristo do centro da vida cristã e passam a cobiçar todo tipo de "bênção" material. Infelizmente é mesmo verdade. Há igrejas em que Jesus é apenas usado para um tipo de vida materialista e tolo. A beleza da vida cristã é trocada por um festival de tolices em que o freguês recebe uma prestação de serviços pagando um preço bem caro. No Brasil, uma grande denominação surgiu com esse tipo de ensino deprimente. Temos vergonha disso.

Por outro lado, como reação dessa vexatória "Teologia da Prosperidade" que transforma Deus num Supermercado, num patético "papai Noel" dos crentes, há um grande grupo de "teólogos da aridez", normalmente provenientes de alguma corrente protestante histórica que não crê nem conhece o Espírito Santo. Esses irmãos são violentos contra qualquer coisa sobrenatural. Se dissermos que Deus nos deseja "Prosperidade", pronto, foi dita a senha para nos desqualificar totalmente. Entendemos isso como o extremo oposto da tal teologia da prosperidade. Chamo isso da "teologia do fracasso". Devemos fugir bem rápido dessa teologia da mesma forma que corremos daquela outra. Deus nos chama para sermos apenas bíblicos, vivendo a mesma fé simples do

Novo Testamento, esperando os mesmos resultados simples da vida da igreja primitiva.

Assim, você tem, sim, tudo o que precisa para cumprir plenamente o que Deus intentou realizar através da sua existência. Se for necessário aprender uma, duas, três línguas, Ele alinhará seus caminhos para que isso aconteça. Se for necessário dar a você um Hospital equipado com médicos treinados e aparelhos sofisticados para cirurgias no interior da África, Ele, segundo o Seu extraordinário poder, moverá "meio mundo", mas você terá seu hospital. Se for necessário o terreno para edificar um orfanato em memória de George Müller no centro de Londres, você terá os recursos para isso! Ferramentas, sabedoria, liderança, força, dinheiro, visão, conexões são apenas os detalhes. Você tem tudo "em Cristo". Mas aqui está o que nos diferencia da doutrina da prosperidade: temos tudo o que precisamos e o que precisaremos para cumprir a plena vontade de Deus, seus altos desígnios e propósitos que, invariavelmente, desembocam em vidas, em gente, em pessoas. Ele não nos dará todas as coisas para cobiças tolas e infantis para acumularmos carros, relógios, propriedades servindo nosso ventre. Por isso, muito cuidado para não aplicar em si o que Deus lhe deu para ser investido no Seu Reino. Se fizer isso, você se intoxicará, com o poder e com a fama, o dinheiro e a influência. Acabará numa vida solitária, triste, rodeado de luxo espúrio que trocou o propósito pela sórdida cobiça.

Visão colocada em si mesmo: introspecção.

Nada na vida cristã, nada é mais venenoso, sutil e mal compreendido do que a introspecção. Parece algo espiritual, mas é mortal para a fé. Parece bíblico, mas é sempre mal ensinado e há uma visão meio filosófica a justificar tudo isto. "Conhece-te a ti mesmo", diz um filósofo; "Penso, logo existo", diz o outro. Assim, há uma teologia que estimula, indevidamente, o "autoexame" como algo bom. Usam as Escrituras para dizer que devemos examinar a nós mesmos, tirando totalmente do contexto o único verso em que isso é mencionado. Fazendo tal coisa, os cristãos são induzidos a usarem os parâmetros de sua própria alma caída, seus registros de memória e pensamentos torcidos para se auto avaliar. É venenoso e devastado para uma genuína espiritualidade, pois as conclusões nunca serão à luz de Deus. As conclusões serão à luz de si mesmo. Que inversão! Davi orava: "derrama luz nas minhas trevas" e em outro lugar "na tua luz vemos a luz", significando que somente teremos uma percepção correta de nós mesmos iluminados pelo Espírito Santo de Deus.

Esse foco exagerado em si mesmo causará muita autoanálise inútil para a vida cristã, algo desnecessário e, pior, baseado sempre em parâmetros de referenciais do homem caído que se autorrejeita, autocritica, autojustifica ou se autopromove o tempo todo. Quem vive na introspeção tirou os olhos de Cristo. Infelizmente, gente assim vai se comparar com outros o tempo todo; ora sentindo-se desqualificados, ora colocando-se a si mesmos numa posição de superioridade, sem nunca se enxergarem à luz de Deus. Essa é uma terrível deficiência para a fé. Gente assim nunca dependerá do Senhor genuinamente. Ore, creia e corrija suas práticas a fim de estar nu diante do seu Senhor. Na Sua maravilhosa luz, você terá a luz.

Fé inconstante

A Fé inconstante não suporta nenhuma pressão ou contrariedade. Há pessoas que precisam ter todas as coisas de sua vida num estado de mais absoluta harmonia para estarem bem! Se tudo estiver bem, conseguem amar; se tudo estiver bem, conseguem perdoar; se tudo estiver bem, estão alegres; se tudo estiver bem, conseguem crer; se tudo estiver bem... Ora, esse tipo de experiência não existe neste planeta. Nunca haverá um momento em que tudo estará bem, nunca! Assim, esses pobres crentes infelizes vivem na mais paupérrima experiência espiritual. É de dar dó. Pensam, infantilmente, que "no dia em que todas as coisas se alinharem, então, e, somente então, serão, verdadeiramente, felizes. Com todo respeito, deixa-me sugerir, então, que você morra logo e vá para o céu; ou, então, acorde dessa fantasia. Isso não é vida cristã! Aliás, o próprio conceito de "felicidade" não é bíblico; esse conceito é diferente de alegria! Alegria, caríssimos irmãos, é diferente e muito superior à felicidade. Esta é transitória e passageira; a outra, pelo contrário, é duradoura e definitiva. Sou alegre em Cristo, mas tive a infelicidade de ter o pneu do meu carro furado, perdi o avião, e isso me causou prejuízo financeiro. Uma lástima, infeliz acontecimento. Mas, e daí? Posso me alegrar no Senhor e me levantar para viver o novo dia que amanhece, e tudo se faz novo em folha!

Crentes imaturos são pessoas que necessitam viver em um "mar de rosas". São aqueles que têm de viver uma vida completamente nas nuvens para que sua fé permaneça bem; em hipótese alguma podem sofrer pressão. Pessoas de fé inconstante veem nas pressões uma incoerência de Deus, mas nunca se atentam que são justamente elas quem são os incoerentes da história. Tais pessoas veem nas dificuldades que o problema está em Deus. Caia na realidade! Viver é difícil mesmo. Vamos parar de ter expectativas irreais! A vida é repleta de dificuldades; viver é duro e difícil; o almoço tem custo sim, não é de graça! Alguém precisa ir lá fora e trabalhar duro para pagar a conta. As coisas não fluem com chá de canela, e somente algum crescimento em maturidade espiritual livrará tais crentes de terem uma fé inconstante.

A inconstância na fé é o mesmo que dizer: "Ei, Deus, confiei em você, mas você foi incapaz de me ajudar". É o mesmo que tomar a atitude dos gregos que esbofeteavam seus deuses caso algum de seus pedidos não fossem atendidos. Ter fé inconstante é o mesmo que tentar esbofetear a Deus. Você acha que pode fazer isso com o Senhor Onipotente? Tome cuidado, duvide de si, não duvide do Senhor. A inconstância é uma deficiência na fé, pois a fé inconstante não suporta pressão. A Palavra do Senhor diz que nós devemos depender do Senhor e confiar nEle.

Muitas vezes minha oração diante de Deus é: "Senhor me ensina a viver, porque não sei viver". Viver é difícil e a Palavra de Deus nos mostra que a deficiência, muitas vezes, tem a ver com essa inconstância. A fé inconstante faz com que o crente fuja no momento da pressão; de repente, ele escapa e se descamba para a incredulidade.

Deus espera que você comece a deixar rastros de constância. As pessoas não vão confiar em um líder inconstante. Sua esposa está olhando para você para "ler" os sinais de firmeza que passa adiante. Seus filhos, seus discípulos, seus colegas de trabalho estão olhando para você. Ninguém vai dar um trabalho para quem é inconstante. Ninguém, em são juízo, dará responsabilidades aos que vivem no reino da gelatina, trêmulo e assustados. Faça rastros de constância; deixe pegadas que mostram que você é uma pessoa decidida, que termina o que começou, que vai até o final. Isso é essencial para mover sua liderança, para fortalecer suas influências e levar você a um novo nível no propósito de Deus.

Gente inconstante

Se você é alguém que começa e não termina nada; que aceita ser líder de célula, mas seu discipulador não pode confiar em você, não pode contar com você, porque tudo tem que ser sempre do seu jeito, tenho uma coisa para lhe dizer: "acorda!" Deus tem algo superior para você! Inconstância é característica de gente com fé inconsistente, e pessoas assim não reinarão com Cristo. Se você quiser se auto preservar de todas as formas, se você é avesso à pressão ou às dificuldades, mude de atitude imediatamente! Crente vencedor é aquele disposto a sofrer pressões e ser constante, mesmo que sua constância lhe cause a morte de seu ego.

Gente inconstante deixa um rastro de não confiabilidade atrás de si. Pense um pouco sobre a estabilidade: que estabilidade você tem dado aos seus filhos dentro de casa? Você vive de sobressalto? Vive ameaçando largar a família? Engraçado isso: as estatísticas mostram que, normalmente, quem larga a família, em 95% dos casos, são os homens. Um bando de covardes que abandonam a coitada da mulher com uma penca de filhos. "A vida está difícil, a pressão está muito grande, vou embora". Vai embora covarde? Isso é coisa de crápula! É inconstante em tudo o que faz, inclusive na fé! Isso é um hábito, um paradigma de vida, isso é um jeito terrível de viver! Há aqui "uma guerra de imagens" lançada pelo diabo na mente do inconstante: o diabo pinta um quadro de alívio, de felicidade e de bem estar se o inconstante "jogar tudo para cima"! Portanto, isso é uma batalha espiritual que deve ser vencida espiritualmente!

Gente inconstante foge o tempo inteiro, não suporta a pressão. Não suporta o relacionamento difícil, não suporta tomar um posicionamento no trabalho, não suporta encarar as dificuldades, foge de tudo e qualquer coisa. Você está sem emprego e passando fome? Sua família está olhando para você esperanto uma "atitude"? Até arranjar uma colocação de trabalho melhor, vá vender caneta na rua, vá vender torradas ou tijolo pintado, mas, por favor, ponha pão e ponha leite na mesa do seu filho no dia seguinte às 7:00 horas da manhã para o menino ir pra aula. Diga em outras palavras: "filhinho não interessa as pressões, papai está aqui, sempre estará aqui por você, pode confiar no papai. Papai confia em Deus e depende de Deus!

Qual é o rastro que você deixa para trás? É o rastro de confiabilidade, de constância, de uma pessoa estável ou você é daqueles que qualquer tipo de pressão leva sua fé para o espaço? Medite e ore sobre isto; caso haja inconstância na sua fé, mude de atitude ainda hoje no poder do Espírito Santo. Não podemos pensar que seremos capazes de ter um casamento saudável se nos mantemos inconstantes. Uma célula e uma igreja forte, são frutos de perseverança e de uma fé que não se abala com as situações.

Capítulo 13

O QUE NOS IMPEDE A VIVER UMA VIDA DE FÉ

As deficiências da fé além de terem um problema relativo à própria fé, como vimos no capítulo anterior, ainda poderão se manifestar por questões diretamente ligadas ao pecado. É importante salientarmos o fato de, muitos de nós, termos algumas dessas deficiências em nossa fé e, portanto, precisamos arrancá-las, extirpá-las, dilacerá-las definitivamente de nossas vidas.

Concluindo o passado

A deficiência na fé ainda pode ser manifestada pelas coisas mal resolvidas, mal perdoadas, mal concluídas de seu passado. Relacionamentos quebrados que você deixou para trás, ou um filho que você não assumiu, ou um pecado que você não venceu. Se você tiver algum relacionamento mal terminado ou mal resolvido em seu passado, vá consertar. Se há pessoas para serem perdoados, então perdoe. Se há pedidos de perdão para serem feitos, arrependa-se e procure a pessoa que você feriu e resolva tudo. Essas coisas não acontecem de uma vez; tudo deve ser feito na sabedoria de Deus, mas vá e faça. Porque se houver lixo em baixo do tapete da sua vida, você nunca terá uma fé saudável; ela sempre será deficiente.

Ainda, tenha cuidado se você tenha coisas mal resolvidas com sua liderança. Talvez você seja daqueles que fica mudando de célula para célula ou de igreja para igreja, por não se adaptar com seus líderes. Daí, magoado ou entristecido, e até mesmo contrariado com alguma decisão com a qual você não concordou, sua atitude foi a de simplesmente abandonar o barco e encontrar outro lugar. Esse tipo de ação tem a raiz na desonra e, portanto, sua fé não pode avançar. Você precisa procurar essas pessoas e resolver totalmente seu passado e questões não tratadas de sua alma quanto à honra e submissão. Ninguém pode ser líder se não aprender a ser liderado; ninguém alcançará a honra de Deus se não honrar aqueles que o Senhor coloca como autoridade sobre nós. Atente-se a isso! Não deixe que essa deficiência na fé, manifesta por coisas mal resolvidas no passado, faça com que sua liderança seja bloqueada.

Radicalidade com o pecado

O pecado na vida do crente não pode passar de uma eventualidade. A Bíblia diz no livro de I João 2-1:2 "filhinhos estas coisas vos escrevo para que não pequeis, contudo se alguém pecar temos advogado junto ao pai, Jesus Cristo o justo. Ele é a apropriação dos nossos pecados e não somente pelos os nossos, mas também pelo os do mundo inteiro". O pecado não deve fazer parte de nossas vidas. Não devemos aceitar que o pecado roube espaço em nossos corações. Caso tenhamos perdido a paciência ou feito qualquer coisa errada, precisamos estar prontos para resolver o mal e, de modo nenhum, ficar curtindo o luto de nossas falhas. Como ja dissemos, há pessoas que têm a mente muito fraca. Pessoas assim, ao falharem, comumente dizem: "Realmente, não consigo! Já tentei tantas vezes e não quero saber de lutar contra isso mais, prefiro me entregar!" Gente assim só mostra que tem uma mente fraca demais; são pessoas com uma estrutura muito vulnerável.

Como é que você deve lidar com o sangue precioso do Cordeiro? Há um mal que se alastra pelas gerações e tem aumentado na atualidade: o tipo de gente que quer viver a vida empurrando as coisas com a barriga. Isso é atitude de gente fraca, que não é firme e consistente. Quero citar novamente: "se seus olhos te fazem pecar arranca seus olhos". O que Jesus disse para fazer é o seguinte: enfie uma colher de sopa em baixo da órbita ocular e arranque os olhos de seu corpo e os jogue fora, porque é melhor entrar cego no Reino dos céus que ir pra o inferno com o corpo inteiro. "Se a tua mão te faz pecar", pega um facão e corte-a fora, porque é melhor você entrar sem mão no reino dos céus a ter as duas mãos no inferno.

Agora, veja bem, Jesus não está falando aqui de algo literal. Ele está falando que há situações na vida em que precisamos ser radicais, caso contrário, ficaremos cozinhando o galo. Há muita gente fazendo exatamente isso hoje em dia, cozinhando o galo: "quem sabe, talvez, um dia, vamos ver como será... Quem sabe, amanhã, se eu sentir que devo...". É uma turma que passa pela vida desperdiçando oportunidades e tempo sem nunca "fechar para dar um balanço" e rever caminhos, prioridades. É gente que nunca "arruma o armário" da própria vida! Você sabe que eu gosto de ver o armário das pessoas? É num armário que se demonstra o estado de nossas vidas. Um armário tem muito a dizer sobre nosso estilo de vida e sobre as nossas condições emocionais. Há "armários" empoeirados com as prateleiras lotadas de coisas fora do lugar ajuntando poeira, armários com teias de aranha, roupa suja amontoada em meio a livros desfolhados... Se você não arrumar o armário de sua vida e parar de ser indolente, nunca terá um tipo de fé que move os problemas, as dificuldades e os desafios.

Ser alguém do tipo permissivo, sem atitude nunca o levará a andar em vitória. Algumas pessoas até sabem o que deve ser feito, mas nunca fazem; sabem que precisam se posicionar, mas nunca se posicionam. São daqueles que começam bem uma célula e, por pura omissão, acabam por perdê-la. É o tipo de gente que só chega atrasado, sempre com desculpas para tudo, sempre culpando terceiros e com justificativas esfarrapadas; sempre a transferir a outros o que era de seu dever realizar... É o tipo fino de gente que vive recomeçando, mas nunca chega ao fim de nada. É uma turma difícil e grande. São pessoas que vivem perdendo a posição na vida por nunca se posicionarem e, para piorar tudo, têm a mania de chutar o pau da barraca quando a situação aperta. Daí dizem: "pode fazer o que você quiser, porque não aguento mais não". Isso pode parecer muito bonito, mas não funciona. Isso é coisa de covarde! Precisamos crescer! Isso tem que acabar um dia! Somente os covardes sempre abrem mão das coisas; somente os covardes abdicam, desistem e renunciam. Não faça isso! Sem essa firmeza, sua fé não terá consistência.

Se a coisa azedar, espere um pouco, deixa a poeira abaixar. Espere alguns dias passarem, talvez uma semana e, depois, volte em todos os princípios feridos e posicione-se. Assuma seus erros, aponte seus anseios, mas enfrente as situações e as resolva. Não seja omisso! Então, se você é líder de célula, seja o responsável para começar na hora, tenha encargo com as coisas e se posicione como líder. Se veja liderando, se veja responsável por todas as coisas da célula, pois você é líder e o Senhor colocou mesmo isto nas suas mãos. Deus acredita em você! Se Deus estabeleceu você em uma posição, Ele vai esperar de você o posicionamento, pois Ele sabe que você é capaz! O Senhor procurou Adão no episódio da queda. Ele não foi atrás de Eva nem da serpente. Deus procurou Adão para conversar, pois havia sido a este que Ele houvera delegado a posição. "E tu Adão, onde você estava quando sua mulher conversava com a serpente? Onde você estava enquanto Eva tornava-se amiga íntima do seu maior inimigo? Onde é que você estava meu filho?"

Foi isso o que Deus falou, em outras palavras, lá em Gênesis. O problema é que a omissão é uma espécie de vírus que contamina muita gente. Ser indolente é não ser firme, é não se posicionar. É impossível alguém ter fé caso ainda seja indolente com o pecado. A fé não é para aqueles que são permissivos com as coisas na sua vida. Por isso quem é indolente com o pecado não libera fé, pois nossa fé requer fundamentos, consistência. Em nós deve haver esse caráter para que possamos ganhar autoridade e ousadia na fé. A indolência, a permissividade, e o relativizar as coisas que Deus considera absolutas não nos darão uma fé consistente, somente uma fé débil e deficiente.

Como vimos, existem coisas que nos bloqueam. Todavia, não é a única questão que devemos observar em relação à nossa fé. Precisamos entender que a falta de investimento, também, é um fato imprescindível para avançarmos rumo ao crescimento de "fé em fé". Se quisermos ver mudanças, maturidade, crescimento, conquistas no propósito de Deus, precisamos de uma fé alargada, crescente e ampliada. Já falamos disso anteriormente, mas vale bater o dedo na mesma tecla: o diabo sempre vai se levantar contra nossa fé, pois ele sabe que se ela estiver abalada, não iremos avançar em nossa comunhão com Deus e, portanto, retrocederemos em nossa vida cristã.

Capítulo 14

COLOCANDO A FÉ NO FOCO CORRETO

Onde estão firmados nossos olhos? Se há uma coisa que definitivamente influencia nossa vida espiritual é o lugar onde colocamos o foco. O foco, queridos, é fundamental na vida do crente. Se não tivermos totalmente focados em Cristo, corremos o risco de nos afogarmos nas ondas fatais das circunstâncias. Diria, portanto, que as questões relacionadas ao nosso foco são, também, responsáveis por cooperar com as deficiências da fé.

Colocar os olhos no lugar errado

Onde estão seus olhos? A Bíblia diz em Hebreus: "olhando firmemente para o autor e consumador da fé, Jesus". Há muita gente que, em vez de olhar firmemente para Jesus, fica olhando para as circunstâncias! Não entendo, esse tipo de gente põe o foco na falta, põe o foco na necessidade, põe o foco na incoerência, põe o foco nos relatórios do natural, põe o foco em tudo o que é trivial. É uma gente pessimista, que fica lamuriando pelos cantos: "não vai dar certo, está tudo acabado". É gente que cultua o fracasso, a tragédia, o fim.

O diabo lança pensamentos em suas mentes e, automaticamente, essa gente permite esses pensamentos escorregarem por sua boca. O diabo lança uma seta maligna na relação conjugal, e eles caem como um pato: "acho que meu casamento foi um erro"; outra seta maligna contra a saúde, "acho que vou morrer"; mais uma seta maligna contra a vida financeira: "acho que Deus não me ama!" Por favor, não fale besteiras! Deixa de ser bobo! Você não sabe o que está falando!

Pela fé, entendemos que o mundo foi criado pela palavra criativa de Deus, e esta palavra geradora, criativa altera, restaura, transforma! Essa palavra avança e destrói os estratagemas do inimigo e estabelece o reino de Deus! Então, cuidado com as proclamações de sua boca! Não estamos falando aqui de pensamento positivo, não estamos falando de confissão positiva, estamos falando no fundamento da Palavra. Fundamente-se na Palavra, tomando-a como fato, e declare aquilo que é vida, que é futuro, que conquista, que é propósito de Deus. Declare aquilo que são as promessas boas do Senhor.

Firme os seus olhos no lugar correto. Onde seus olhos estão firmados? Não interessa se você tem de tirar os olhos do problema e do foco por dez vezes; o que interessa é que você deve firmar os olhos em Jesus. Olhe firmemente para o autor e consumador da fé e tire os olhos do problema. Não há fé que avance, se os olhos estiverem em coisas negativas o tempo todo. Deixe a história do "não tem jeito" de lado e aprume-se! Tome uma atitude, levante-se, invista numa semeadura diferente da que você tem investido a vida toda. Até então, você, somente, talvez tenha semeado derrota e, por isso, colhe derrota. Se você semeou fracasso, será o fracasso a sua colheita. Se, insistentemente, você quebra os princípios de Deus, vive sobre princípios errados, por isso você, continuamente, colherá confusão. Não se esqueça de que colheremos tudo o que plantarmos, e toda colheita aumenta e multiplica-se; pode chegar um dia que você vai se afogar na semeadura negativa. Portanto, mude o tipo de semeadura para você ter uma colheita diferente. Corrija os princípios que regem sua vida e seus relacionamentos. Você deve semear coisas diferentes para colher paz, alegria, vitória e as demais bênçãos de Deus. Isso não é do dia para noite; pode demorar um pouco, mas, definitivamente, será um processo maravilhoso de vitória em vitória.

REESTRUTURANDO OS RACIOCÍNIOS

Paulo fala: "rogo-vos irmãos pelas misericórdias de Deus que apresenteis vossos corpos como sacrifício agradável a Deus e transformai-vos". Interessante observar essa frase de Paulo. Segundo ele, somos nós que nos transformamos. A ordem é direta: transformai-vos pela renovação da vossa mente, ou seja, do vosso software, da estrutura de raciocínio que governa sua vida. Transformai-vos e começai a pensar do modo como Deus pensa; comece a ter as prioridades que Deus tem; comece a ter os valores que Deus tem. A renovação do entendimento ou da mente é, de fato, uma lavagem cerebral, porque precisamos nos purificar dos raciocínios mundanos sedimentados em nossa mente ao longo dos anos. Nossa criação, nossa educação escolar, nossa sociedade, a mídia, amigos e uma série de outras influências afetaram nossa estrutura mental e, portanto, precisamos renová-la. Uma fé que não tenha a Palavra de Deus como fundamento, nunca conseguirá avançar. Uma fé que se baseia na estrutura de raciocínios humanos e mundanos, permanecerá débil, completamente deficiente e sem esperança de crescer ou de mudar de nível. Portanto, para reparamos essa deficiência em nossa fé, precisamos mudar a estrutura de nossos pensamentos.

Hábitos emocionais negativos

Elias foi um grande homem de Deus, todavia ele tinha hábitos emocionais negativos. Elias vivia uma incoerência, uma espécie de *bipolarismo*. Ele foi instrumento de Deus para derrotar quatrocentos profetas de Baal, executando juízo contra potestades naquele momento. Veja bem, o profeta poderoso pede fogo dos céus e teve sua oração atendida imediatamente! Que grande autoridade! Quanta manifestação de prodígios grandiosos! Ele torna-se ali talvez a pessoa mais influente do reino, um marco nacional tamanho o poder de seu ministério. A vitória de Elias sobre os adoradores de Baal foi tremenda, a ponto de a rainha Jezabel enviar um recado para ele: "eu vou matar você por tudo o que você fez". De repente, aquele homem poderoso que derrotou, na mais tremenda manifestação sobrenatural que jamais fora vista naquela geração, tantos inimigos de uma só vez, simplesmente, desmorona, se descompensa, usando uma linguagem da psiquiatria. Assim, Elias, o grande profeta de Deus, que venceu quatrocentos homens, foge com medo de uma mulher. A Bíblia nos permite concluir que, provavelmente, entrou em depressão. Desistiu de tudo, quebrou os relacionamentos, abandonou o Ministério e busca a morte. Portanto, parece que sua ida para o deserto, caminho de três dias, foi buscar a morte. Sabe o que se parece a ida de Elias para o deserto? Uma tentativa de suicídio. Ali não tinha água nem comida. Se não fosse pelo Senhor, Elias teria morrido.

Ali, sozinho, no fundo do poço de sua autopiedade, Elias diz: "só eu sobrei, não há ninguém que ore a Deus, oh Jeová!". O Senhor fala para ele: "Que isso rapaz, tem sete mil ainda! Você está achando que é só você? Para com essa besteira de autopiedade!"

Há pessoas que têm verdadeiro prazer na autopiedade, gente que ama a autocomiseração. A autopiedade é pecado, sabe por quê? Porque você está dizendo que a graça de Deus não é suficiente! Com a autopiedade você diz que o amor, o cuidado e a provisão de Deus não bastam para você. Como você não confia em Deus suficientemente, você passa a ter dó de você. "Ah! Pobre de mim!" Amados, hábitos emocionais negativos têm a ver com um conjunto de fatores que, às vezes, se acumulam na vida das pessoas, desencadeando melancolia e depressão. Se você é esse tipo de pessoa, precisa identificar o encadeamento de fatores e de circunstâncias que deflagram a melancolia, a incredulidade e a depressão. Você precisa quebrar isso em sua vida, pois tornou-se um hábito doentio.

Reparando hábitos emocionais negativos

O que Deus fez com Elias? Primeiro, Deus tirou a ótica de autopiedade de seus olhos. "Para com isso! Tem sete mil que me servem, não é só você". Segundo, Deus tirou o foco de Elias de seus problemas. Deus fez Elias olhar para outro lado, dando a ele outros horizontes. Deus tirou de Elias o olhar dele que estava sobre si mesmo e fez com que Elias olhasse para adiante. Deus disse: "Vá ungir Eliseu, filho de Safate, profeta em teu lugar, e vá ungir o rei da Síria". Em outras palavras, "Ainda tem vida para você viver, rapaz; ainda há propósito profético para você! Pare com isso de pensar em morte! Pare com isso de pensar em fim de linha". O que está fazendo aqui sozinho neste deserto? Eu não mandei você vir para cá. Volte a se relacionar, vá refazer os vínculos de amizade e de discipulado, volte a investir em vidas para voltar a ter alegria e desejo de viver. Você colherá satisfação ao fazer isso, Elias!

Gente com hábito emocional negativo é o tipo de pessoa que não pode passar por certos problemas, ou por certos alinhamentos de problemas que as coisas se desencadeiam negativamente. Aprenda o que gera isso em sua vida. Antecipe-se junto com aqueles que amam você. Há quem não suporta passar por aquela pressão específica, não pode passar por aquele tipo de rejeição, não pode passar por aquela determinada dificuldade, não consegue experimentar certo nível de fracasso, censura ou disciplina que tais coisas desencadeiam, dentro dele, um processo de destruição. Não haverá vitória e libertação se não houver a mudança de hábitos emocionais. Você tem de começar a ter hábitos diferentes, isto é um processo de Deus.

As deficiências da sua fé tem a ver com essas coisas. Quantos querem caminhar em Deus e ter uma fé viva operante que manifesta a realidade? Quantos querem reger a história de si mesmo e de sua geração? Ofereça sua boca como algo profético! "Proclamarei a minha vitória, decretarei os desígnios do Altíssimo nos meus caminhos, os meus filhos viverão e serão prósperos, serão homens e mulheres de Deus em todos os seus caminhos, serei instrumento e boca de Deus nesta geração; e, se Jesus não vier enquanto os meus olhos estiverem abertos, quando meus olhos se fecharem, deixarei um lastro de minha vida de andar com Deus e de servi-lo fielmente".

Como um líder, chamado por Deus, você precisa aprender a confiar, a exercer a fé e a manifestar no reino natural tudo aquilo que Deus já proveu no espiritual. Não permita que suas emoções ou suas dificuldades bloqueiem o mover de Deus em sua vida. Lidere pela fé, caminhe pela fé!

Mas veja bem, o que você tem proferido, o que tem saído sistematicamente dos seus lábios? O que frequenta as determinações das proclamações de sua boca? A sua fé é seu centro de forças; ela é algo santíssimo e tão preciosa que você deve cuidar dela bem. Quais são as deficiências de sua fé? Existem coisas que você precisa deixar? Existem coisas que você precisa se arrepender? Existem coisas nas quais você deve se posicionar? Então, posicione-se e repare as deficiências de sua fé.

Capítulo 15

AVANÇANDO NO CAMINHO DA FÉ

Quero iniciar este capítulo lhe propondo um desafio. Elaborei algumas perguntas e as dividi em cinco categorias. Espero que você as leia e seja diligentemente honesto para respondê-las. Faça isso como um exercício proposto a si mesmo e utilize suas respostas para meditar um pouco naquilo que você precisa avançar no Senhor.

✓ **Primeiro:** nos últimos tempos, você cresceu? Nos últimos três meses, seis meses ou na última temporada, você experimentou um "up grade" em alguma área de sua vida? Em outras palavras, você amadureceu em sua fé? Você cruzou fronteiras, cruzou barreiras que antes bloqueavam seu crescimento? Ou será que você não cresceu? Ou será que está estagnado?

✓ **Segundo:** você tem buscado a Deus para refinar a visão que Ele confiou a você? Tem buscado aperfeiçoar seu projeto de existencial, sua visão pessoal? Você tem se atentado à visão de Deus para sua vida nos próximos cinco, dez, vinte anos? Qual é sua visão exatamente? Você tem uma? O que tem realmente buscado conquistar? Em relação ao chamado de Deus para sua vida, você tem alguma visão ou está tudo parado? Será que a visão que você tinha está enferrujada?

✓ **Terceiro:** qual tem sido a estratégia número um do diabo, do inimigo, tentando parar e impedir você de avançar na visão de vida que Deus lhe deu? Será que o diabo tem enchido sua mente de confusão, estimulando-o a viver um tipo de caráter com atitudes de covardia?

✓ **Quarto:** você tem alvos concretos no momento para avançar naquilo que Deus lhe chamou para fazer? No seu projeto profissional, no seu projeto familiar, ministerial, no seu projeto de crescimento pessoal, quais são seus alvos?

✓ **Quinto:** você se sente confiante em cumprir o que Deus chamou você para cumprir?

Trabalhando a nossa fé

Precisamos entender que existe uma grande importância nas perguntas propostas anteriormente. Ignorá-las é permitir que nossa vida siga um caminho relaxado, do tipo: vamos empurrando com a barriga. "Deixa como é que está, para ver como é que fica"; agir assim não é sábio quando se trata de nossa única oportunidade de vida para cumprirmos os propósitos de Deus. Quando tratamos de nossa família, de nosso trabalho, de nosso serviço na casa de Deus, de nossos filhos, de nosso ministério, ou seja, de valores tão preciosos, não podemos ser refém do fatalismo. Se quisermos avançar como líderes tornando-nos influenciadores em nossa geração, não podemos deixar de meditar nas perguntas que foram feitas e, ainda, devemos colocá-las diante de Deus para vermos a ação do Senhor sobre nossas vidas.

Os problemas que temos, as necessidades de intervenção que precisamos em nossas vidas e na vida de nossos filhos adolescentes não irão acontecer sem uma visão clara de Deus para nós. Nossas células e igrejas não irão mover para lado algum a menos que tenhamos as questões postas anteriormente estejam todas resolvidas em nosso interior. Entretanto, não é possível desvincularmos essas perguntas do princípio da fé, pois todas estão permeadas de uma atitude de fé. Sendo assim, precisamos trabalhar nossa fé para alcançarmos entendimento e visão para nossa vida.

Trabalhar o desenvolvimento dessa confiança, portanto, resultará em seu amadurecimento, o que produzirá efeitos extremamente positivos em nossa vida e ministério. A verdade é que podemos ter uma fé sólida ou uma fé gelatinosa; podemos ter uma fé que produz resultados ou uma fé que não produz resultados. Como sabemos, a fé é uma realidade para quem leva a sério a vida espiritual e a vida cristã. É algo que Deus mesmo plantou em nós para levar-nos à vitória.

O desenvolvimento de nossa fé

Quando o apóstolo Paulo escreve suas cartas, ele nos mostra uma grande ênfase nesta fé que precisa se desenvolver. Vemos que o desejo de Paulo era que a fé dos irmãos crescesse e, assim, sempre os exortava a permanecerem firmes e crescendo. Mas qual o motivo de Paulo olhar tanto para essa característica na vida da igreja? É porque seu interesse era em ver os irmãos fluindo em uma fé real, que produzia resultados.

Paulo queria sempre saber o estado da fé de seus discípulos, pois sabia que, pois assim, ele poderia saber se estavam indo na direção certa. Paulo não estava apenas preocupado com a santidade, com a integridade, com o bom caráter, com a boa vida de oração, com o bom desenvolvimento das disciplinas devocionais. Muito além disso, o apóstolo sabia que sem fé seria impossível haver vitória. Em outras palavras, podemos dizer que é importante sermos santos, mas somente a fé nos fará avançar, crescer e conquistar.

Mas por que a fé é tão importante? Porque a fé é um valor que deve crescer dentro de você e em todos os quadrantes de sua existência; após você ter conhecido Jesus, tudo em sua vida se interliga à sua fé. Sua fé é como se fosse seu centro nervoso, é de lá que todas as coisas receberão deliberação e vão acontecer. Se não há fé, esse cristão estará virtualmente paralisado; nada acontecerá em sua vida. Rigorosamente nada. Por isso, a fé é algo tão crucial, fundamental, essencial no caminhar cristão para produzir fruto e avanço na liderança ministerial.

Três chaves para vivermos vitoriosamente em fé

Deus deu a cada um de nós uma medida de fé, todavia, precisamos de cultivá-la, alimentando a fé com aquilo que a edifica. Devemos evitar aquilo que a sufoca. Há portanto alimentos e inimigos para uma fé poderosa e operante. Deveríamos trabalhar para que ela possa se desenvolver e crescer a cada dia mais. Devemos ganhar finalmente a posição em Deus de permanecer inabaláveis, estáveis e cada vez menos vulneráveis aos ataques do inimigo. Neste capítulo, gostaria de destacar três chaves essenciais para cultivarmos nossa fé. Espero que cada um de nós possa desenvolver esses princípios caminhando para o amadurecimento de nossa fé conforme a vontade do Senhor.

✓ Primeira chave: investimento em nossa intimidade com Deus

Precisamos procurar a Deus até o encontrarmos; devemos buscá-lO, devemos falar com Ele, trancando a porta de nosso quarto para estarmos a sós com o Senhor. Precisamos nos apaixonar por Deus saindo à sua procura até o encontrarmos. Insista, pois Ele é uma pessoa, e não uma ideia, uma coisa, uma bênção. Deus se agradará muitíssimo em ser buscado por você. Ele, finalmente, pode garantir o que dará a você; Ele se deixará encontrar por você de maneira recompensadora.

Portanto, do mesmo modo que investimos em uma noiva ou noivo amado, ou ao fazemos um amigo, precisamos investir em nosso relacionamento com Deus. Da mesma maneira que nos lembramos da esposa, dos filhos que nos são tão queridos, devemos cultivar esse relacionamento com Deus. De manhã ou no seu horário de almoço, busque a Deus, fale com Deus, lembre-se de Deus, traga seu coração à memória de Deus. Declare: "Ó, Senhor! Estou aqui nesta manhã, estou aqui porque desejo ouvir sua voz". Seja amigo de Deus. O mais elevado alvo do meu coração para a igreja é que todos sejamos amigos de Deus, pois se você for amigo de Deus, você terá o maior de todos ao seu lado, aquele que conduzirá você para níveis mais profundos de vida e de realidade.

Se não cultivarmos a intimidade com Deus, nossa fé não crescerá e nenhuma mudança ocorrerá em nossas vidas. Sem esse crescimento, não veremos os sinais de uma vida frutífera na presença de Deus. Todavia, se entrarmos nesse relacionamento com Deus nossa fé será viva, funcional, cheia de resultados e de frutos. Se aprendermos a cultivar essa intimidade sendo íntimos de Deus, teremos grande sucesso no investimento de nossa fé.

É importante sabermos que essa intimidade é fruto de uma decisão. Seja amigo de Deus, seja amigo da Palavra de Deus. Não carregue a Bíblia simplesmente como um livro fechado debaixo das axilas. Seja amigo da Palavra de Deus, pois está escrito: "habite ricamente em vós a palavra de Cristo; a fé vem por ouvir e o ouvir a palavra de Deus", ou seja, ouvir o rhema vivificado que enriquecerá poderosamente a sua fé santíssima.

Nessa caminhada de intimidade com Deus, não podemos nos esquecer da importante presença do Espírito Santo. Converse com o Espírito Santo, fale com Ele, pois o Consolador foi dado a você para guiá-lo a toda a verdade. Ele sempre estará com você. Ele está aí dentro do seu espírito sempre pronto a falar com você a cada instante e em todos os dias. Precisamos estar atentos à voz do Espírito Santo. Sendo pastor, várias vezes, ouço os irmãos dizendo: "Pastor, eu ouvi assim e assim, e não é que aconteceu esta semana; eu tive um sonho assim, e não é que aconteceu naquele dia; no meu espírito eu tive uma percepção e quando eu cheguei na reunião igreja, aconteceu". Eu ouço isso e penso o quanto precisamos dar mais crédito ao Espírito Santo. Precisamos ser mais íntimos para pararmos de duvidar ou de desconfiar. Em vez de ficarmos achando que é coisa de nossa cabeça, larguemos de ser tão racionais, pois a vida cristã é por definição "sobrenatural".

Não queiramos trazer aquela mentalidade natural, tacanha, calculista, racional, trazendo lógica para as questões do Espírito. Deus não é mora em sua cabeça; Ele não é um pensamento; Ele está em seu espírito, porque Ele é Espírito. Cultive isso, seja amigo do Espírito Santo. Se isso crescer como realidade em sua vida, sua fé vai crescer e os resultados vão começar a vir. Assim, sua liderança irá crescer como resultado desse potencial que está sendo liberado através de suas convicções em Deus. Isso é um líder movido por fé, que não se move devido a problemas ou meramente pela pressão das necessidades, pois está firme na presença e na intimidade do Deus todo poderoso.

✓ Segunda chave: colocar a fé em ação

Esta é outra chave fundamental. Há muitos cristãos que dizem ter fé, mas não a põe em prática. Frequentemente são amedrontados pelas circunstâncias e por opressões satânicas. É no dia-a-dia que poderemos ativar nossa fé, treinando-a e exercitando-a. Algumas pessoas acreditam que a fé vai crescer, porque oram e leem a Bíblia, todavia, precisamos ir mais além, precisamos enfrentar os problemas e situações que chegam até nós. É através das circunstâncias da vida que seremos dilatados em fé. Não podemos desmoronar e abandonar o barco quando situações difíceis chegarem, precisamos confiar e exercitar nossa fé. Como sabemos, mesmo nos convertendo ao Senhor não teremos uma vida de mar de rosas, pois o próprio Jesus nos disse que passaríamos por aflições. Entretanto, durante o tempo da aflição, deveríamos ter bom ânimo, pois Ele venceu o mundo.

Se você pensa que nenhuma pressão, ou perseguição, ou problema, ou dificuldade, virá mais sobre a sua vida, pode tirar seu cavalo da chuva e acordar. Nossa fé crescerá todas as vezes que a colocarmos em prática em nosso dia-a-dia. Em circunstâncias difíceis e de pressão, como: perder o emprego, dívida, morte de um ente querido, enfermidade, atrito com pessoas muito próximas, discordâncias na família, problema no casamento, problemas na célula ou com o discipulado, é quando suas convicções serão testadas. Podemos decidir orar por alguém num hospital ou mesmo em público. Enfrentar alguma enfermidade quando alguém a descreve a nós orando imediatamente pelo enfermo. Enfim, coloque sua fé em prática, responda a Deus, responda na circunstância que você estiver inserido. Pense consigo mesmo: o que Jesus faria em meu lugar? Faça o mesmo imediatamente!

Tome a atitude correta e se prepare para receber a coroa da fé. Quando você tem alguma desavença com sua mulher ou seu marido, qual é a sua atitude? Neste momento, precisamos dar a resposta certa, a resposta da fé. Muitas vezes, você terá de engolir em seco, se humilhar, para depois, em outro momento, conversar sério. Mas o que Jesus faria em seu lugar? Desistiria? Fugiria da pressão?

Não sei qual é sua situação específica, todavia, posso dizer: "Aquilo que você está passando faz parte de um projeto de treinamento de sua fé, por isso, use esse momento para exercitar sua preciosa fé. O que essa situação pedir de você, responda em fé. Sem o treinamento, sua fé não vai crescer, não vai se tornar forte, sólida, porque a fé é como raiz de árvore. Qualquer um poderia quebrar a pequena raiz de uma muda de aroeira, não é verdade? Mas depois de anos de crescimento, esta se tornará uma mas madeiras mais rígidas que há. Ninguém conseguirá vergá-la. Haverá uma consistência que fora ganha pelos anos e pelo processo. Se tal árvore for plantada próximo a fundações de uma casa, suas poderosas raízes despedaçarão qualquer alicerce. Assim será sua fé. À medida que você investe nela, esta se tornará mais e mais forte. Portanto, não fuja das situações, antes responda.

Todos nós precisamos encarar os desafios de nosso cotidiano. Precisamos encará-los como uma grande oportunidade de crescimento. Não podemos fugir, pois o preço de nossa fuga é alto demais. Se olhamos para as Escrituras Sagradas, veremos muitos homens e mulheres de Deus que fugiram de seus desafios; Davi é um exemplo desses. Como sabemos, Davi fugia de corrigir os filhos, fugia de olhar nos olhos dos filhos e falar aquilo que eles precisavam ouvir. Davi era alguém que queria ficar bem com os filhos, ele não queria o desconforto momentâneo no relacionamento dentro de casa. Todavia, quando fugimos, impedimos nossa fé de ganhar realidade. E assim aconteceu com Davi. Uma vez que fugia da responsabilidade de exortar e confrontar os filhos, ele herdou um grande problema na criação dos mesmos. Temos fugido de alguma situação que devemos enfrentar? Temos fugido do caminho das difíceis decisões? Temos fugido das posições que Deus quer nos dar? Estamos fugindo da visão de Deus para nossa vida ou do chamado de Deus para nós?

✓ **Terceira chave: o ambiente em que estamos inseridos**

Enfim, a terceira chave que nos leva ao desenvolvimento de nossa fé é o ambiente em que estamos inseridos. Será que estamos dispostos a percorrer um caminho mais profundo em nosso relacionamento com a igreja local? Estamos apenas dispostos a ingerir alimento de criança ou desejamos avançar para aquilo que é apropriado a adultos na fé? Será que temos nos envolvido profundamente com o ministério, com a célula, com a liderança, com a igreja, com a atmosfera, com o tipo de palavra, com o tipo de comida? Temos nos alimentado das profundezas do Senhor em nossa vida como igreja? Temos crescido e avançado em nossos relacionamentos? As pessoas mais íntimas de nosso círculo de amizade são pessoas espirituais ou carnais? Em tudo isso, chegaremos ao nosso limite. Conheceremos todos e cada um dos nossos limites. Este será um ponto de virada e grande avanço em todas as áreas de nossas vidas e liderança.

Nunca podemos nos esquecer de que o ambiente espiritual do qual fazemos parte é imprescindível para o avanço de nossa fé. Por exemplo: se fizermos parte de uma comunidade que não deseja crescer em Deus, que tipo de desafio teremos? Se fizermos parte de uma célula que não quer evangelizar, que desafio teríamos para nossa fé em ganhar almas? Sendo assim, nunca aceite viver estagnado por causa de uma comunidade sem desafios, sem alvos, sem desejos, sem obras que desafiem a sua fé.

Nunca faça parte de um grupinho que está centrado no próprio umbigo, numa simbiose de derrotados, sem perceber as misérias que precisam ser vencidas. Não aceite fazer parte de uma igreja que não sonha, que não arrisca, que não investe, que não faz santas "loucuras" pelo reino de Deus. Esteja em uma célula e em uma igreja que impulsione você a buscar mais. Esteja em uma comunidade que não aceita seu nível de fé sempre pequeno, mas procure estar entre aqueles que o empurrem sempre para um tempo de crescimento. O ambiente que estamos inseridos será crucial para o desenvolvimento de nossa fé ou para sua destruição completa estagnação. Deus nos chamou, a você e a mim para impactar esta presente geração com a mensagem do Evangelho de Cristo. Façamos isto então, pois nossos olhos verão as grande obras do Senhor. Nossos pés caminharão em seus elevados caminhos e poderemos, finalmente um dia, ser contados entre os valentes desta presente era para a Gloria de Jesus, o cordeiro que nos amou na cruz.